LE
BLOCUS DE PARIS

ET LA

PREMIÈRE ARMÉE DE LA LOIRE

Par A. G.

ANCIEN ÉLÈVE DE L'ÉCOLE POLYTECHNIQUE

PREMIÈRE PARTIE

DEPUIS LA CAPITULATION DE SEDAN
JUSQU'A LA CAPITULATION DE METZ

PARIS

LIBRAIRIE MILITAIRE DE L. BAUDOIN ET Cᵉ

IMPRIMEURS-ÉDITEURS

30, Rue et Passage Dauphine, 30

—

1889

LE
BLOCUS DE PARIS

ET LA

PREMIÈRE ARMÉE DE LA LOIRE

DU MÊME AUTEUR :

Une Maxime de Napoléon, par **A. G.** (Extrait du *Journal des Sciences militaires*). Paris, 1879, broch. in-8 avec 5 croquis. 60 c.

Une deuxième Maxime de Napoléon Ier, par **A. G.** (Extrait du *Journal des Sciences militaires*). Paris, 1880, broch. in-8 avec 3 croquis. 75 c.

Une troisième Maxime de Napoléon Ier, par **A. G.**, ancien élève de l'École polytechnique (Extrait du *Journal des Sciences militaires*). Paris, 1881, broch. in-8. 1 fr.

Une quatrième Maxime de Napoléon (Extrait du *Journal des Sciences militaires*), par **A. G.**, ancien élève de l'École polytechnique. Paris, 1882, broch. in-8 avec deux cartes. 1 fr. 50

Encore une Maxime de Napoléon, par **A. G.**, ancien élève de l'École polytechnique (Extrait du *Journal des Sciences militaires*). Paris, 1886, broch. in-8 avec un croquis. 1 fr. 25

Quelques Maximes de guerre de Napoléon Ier. — Conclusions (Extrait du *Journal des Sciences militaires*), par **A. G.**, ancien élève de l'École polytechnique. Paris, 1882, broch. in-8 avec carte. 1 fr.

L'armée de Châlons, son mouvement vers Metz (1870), par **A. G.**, ancien élève de l'École polytechnique (Extrait du *Journal des Sciences militaires*). Paris, 1885, 1 vol. in-8 avec 3 cartes et un tableau. 5 fr.

La perte des États et les camps retranchés, par **A. G.** (Extrait du *Journal des Sciences militaires*). Paris, 1888, broch. in-8. 2 fr.

La perte des États et les camps retranchés. Réplique au général Brialmont, par **A. G.**, ancien élève de l'École polytechnique (Extrait du *Journal des Sciences militaires*). Paris 1889. broch. in-8. 1 fr. 25

De la véritable utilité des places fortes, par **A. G.**, ancien élève de l'École polytechnique (Extrait du *Journal des Sciences militaires*). Paris, 1883, broch. in-8. 75 c.

Paris. — Imprimerie L. Baudoin et Cᵉ, 2, rue Christine.

LE
BLOCUS DE PARIS

ET LA

PREMIÈRE ARMÉE DE LA LOIRE

Par A. G.

ANCIEN ÉLÈVE DE L'ÉCOLE POLYTECHNIQUE

PREMIÈRE PARTIE

DEPUIS LA CAPITULATION DE SEDAN
JUSQU'A LA CAPITULATION DE METZ

PARIS

LIBRAIRIE MILITAIRE DE L. BAUDOIN ET Cⁱᵉ

IMPRIMEURS-ÉDITEURS

30, Rue et Passage Dauphine, 30

1889

AVANT-PROPOS

La capitulation de Sedan divise l'histoire de la guerre de 1870 en deux parties distinctes, au point de vue politique, comme au point de vue militaire.

D'une part, c'est l'effondrement de l'Empire et l'avènement d'un gouvernement provisoire, qui prend le nom de Gouvernement de la Défense nationale.

En même temps, toute l'ancienne armée est mise hors de cause; car, tandis qu'une moitié vient de poser les armes à Sedan, l'autre, enfermée dans Metz, a peu de chances d'être dégagée, et devra aussi se rendre à son tour, au jour marqué par l'épuisement de ses vivres.

Pendant qu'une armée sera employée à tenir en échec les forces de Metz, le reste des forces allemandes va pouvoir s'avancer au cœur de la

France, et n'aura à lutter que contre les nouvelles forces organisées par le Gouvernement de
la Défense nationale.

Pour celui qui veut étudier ces tristes événements, ces deux parties de la guerre se distin-
guent encore à un autre point de vue.

Les principaux chefs de l'armée de l'Empire
n'ont publié aucune relation des opérations qu'ils
ont dirigées.

Le maréchal Lebœuf et le maréchal de Mac-
Mahon sont restés muets à ce sujet, et le rapport
sommaire de Bazaine, même en le supposant sin-
cère, est insuffisant.

Trois des chefs de corps de l'armée de Châlons
ont cependant publié des volumes sur les opérations de cette malheureuse armée; ce sont les
généraux de Wimpfen, Lebrun et Ducrot. Mais
les ouvrages des deux premiers sont tellement
fantaisistes que, loin de guider l'historien, ils ne
peuvent que l'égarer; et celui du général Ducrot,
quoique renfermant des vues fort judicieuses, ne
traite que d'un épisode, il est vrai fort important,
de la dernière lutte de l'armée française. Aussi
peut-on dire que la plupart des récits qui ont
paru jusqu'à présent sur la première partie de
la guerre ressemblent plutôt à des légendes qu'à
une véritable histoire.

Nous possédons, au contraire, des documents des plus précieux pour l'étude de la seconde partie de la guerre.

Le général d'Aurelles de Paladines et le général Chanzy pour les armées de la Loire; le général Ducrot pour la défense de Paris, ont fait connaître par leurs ouvrages les opérations qu'ils ont dirigées.. Si l'on y joint le volume de M. de Freycinet et l'ouvrage du grand état-major allemand, on a tout ce qui est nécessaire pour bien se rendre compte de la marche des opérations.

C'est en nous appuyant sur ces divers ouvrages que nous nous proposons d'aborder l'étude des principaux événements qui se sont déroulés autour de Paris et sur la Loire.

Mais nous ne nous contenterons pas d'en faire le récit, nous rechercherons les causes de nos nouvelles défaites. Il y a, il est vrai, une manière simple d'expliquer l'impuissance de tous nos efforts, et qui peut dispenser de toute étude approfondie, c'est de dire qu'en réalité nous n'avions plus d'armées capables de résister à celles de l'Allemagne, aguerries par deux mois de campagne et surexcitées par le succès. Mais telle n'est pas notre opinion; nous croyons au contraire que. même après Sedan, tout n'était pas perdu et que nous avions des chances sérieuses de délivrer le territoire, si nos armées avaient été dirigées par des chefs capables ; et nous espérons faire partager cette appréciation par le lecteur, en nous efforçant d'être aussi exact au sujet des faits, qu'impartial au sujet des hommes.

Nous aurons à reproduire bien des observations que nous avons été déjà amené à présenter dans d'autres circonstances. Mais, si nous disons toujours la même chose, cela tient à ce que c'est toujours la même chose. Nous retrouverons donc dans ce travail une nouvelle occasion de remettre en relief les vrais principes de l'art de la guerre.

Ce n'est vraiment qu'à cette condition que l'étude de l'histoire militaire est aussi utile qu'intéressante, et c'est pour cela que, si pénible que soit le souvenir de ces tristes événements, il faut avoir le courage de les approfondir.

A. G.

I

L'INVESTISSEMENT

I

L'INVESTISSEMENT

La situation
après Sedan.

Après le désastre de Sedan, la France n'avait plus
d'armée pour défendre son territoire contre l'invasion
allemande. 140,000 hommes venaient de disparaître
dans une catastrophe sans exemple. Une semblable
armée était bloquée à Metz, et il n'y avait guère de
chance de la voir sortir d'elle-même de la situation dans
laquelle elle se trouvait.

Au moment même où l'armée de Châlons était anéan-
tie à Sedan, le maréchal Bazaine faisait une tentative de
sortie par la rive droite de la Moselle ; les circonstances
étaient favorables, car les mouvements de l'armée française dans la direction de Montmédy avaient attiré
presque toutes les troupes du prince Frédéric-Charles
sur la rive gauche. Un seul corps, le Ier, avec une
division de réserve (la 3e), se trouvait sur la rive droite.
Sans aucun doute, Bazaine, qui pouvait déboucher de
la place avec plus de 120,000 hommes, avait le moyen
de culbuter les 30,000 hommes qu'il avait devant lui ;
mais il s'y prit de telle sorte que sa tentative échoua
complètement. Au lieu d'attaquer à la pointe du jour, il
ne commença l'action qu'à 4 heures du soir, après avoir
donné aux Prussiens tout le temps nécessaire pour se

préparer à la recevoir et appeler des renforts. Aussi, le soir même, les premiers succès des Français furent arrêtés par l'arrivée de la nuit, et le lendemain, les Prussiens, renforcés, se trouvèrent en mesure de reprendre l'offensive; l'armée française dut revenir sous le canon de la place.

Bazaine avait manqué, dans cette circonstance, une occasion qui ne devait plus se représenter, car, à la suite du désastre de Sedan, toutes les troupes du prince Frédéric-Charles devinrent disponibles, et il put les répartir à peu près uniformément sur les deux rives, de manière à donner à toute la ligne d'investissement une solidité suffisante pour résister aux nouvelles attaques que l'armée française pouvait entreprendre.

D'ailleurs, dans les premiers jours de septembre, les forces allemandes réunies autour de Metz furent renforcées par un nouveau corps, le XIII, qui comprenait, sous les ordres du duc de Mecklembourg, la 17e division prussienne et la 2e division de landwehr; à partir de ce moment, l'armée française ne devait plus faire que des attaques partielles, ayant à peu près exclusivement pour but de ramener dans la place des vivres ou des fourrages; la durée de sa résistance était limitée par celle de ses subsistances. La tâche de son chef était de s'efforcer de la prolonger par tous les moyens possibles; mais, de quelque manière qu'il s'y prît, comme l'arrivée d'une armée de secours était bien peu probable, on peut dire que, dès le commencement de septembre, le moment de la capitulation était fixé à quinze jours près. Il est vrai qu'elle retenait autour d'elle 200,000 ennemis, et, en réalité, les forces en présence sur la Moselle se neutralisaient. Mais il y avait cette différence que, la chute de Metz étant à peu près certaine si la place n'était dégagée, cette forteresse devait tomber plus ou moins vite aux mains de l'ennemi avec l'armée qu'elle contenait, et qu'à partir de ce moment, des deux armées qui se faisaient échec sur la frontière, l'une serait annihilée, tandis que l'autre deviendrait disponible pour s'avancer au cœur de la France. Metz devait résister encore deux mois; mais, en attendant, les autres fractions des armées allemandes étaient libres de continuer l'invasion.

La IIIe armée et l'armée de la Meuse, qui venaient de combattre et de réduire l'armée de Châlons, pouvaient reprendre leur marche sur Paris sans avoir à renverser de nouveaux obstacles.

Il restait bien encore un corps d'armée qui, dans les derniers jours du mois d'août, avait été porté partie sur Mézières, partie sur Reims : c'était le 13e corps, commandé par le général Vinoy ; mais, loin de pouvoir arrêter la marche des Allemands, ce corps n'avait pas de temps à perdre pour échapper lui-même à leurs coups et revenir sur la capitale. Il comprenait 3 divisions d'infanterie avec 1 brigade de cavalerie et une artillerie de réserve de 6 batteries ; la 1re division, sous les ordres du général d'Exéa, avait été dirigée le 27 août sur Reims, où un régiment de dragons vint la rejoindre quelques jours plus tard.

A la nouvelle du désastre de Sedan, ces troupes furent ramenées sur Soissons, où elles se trouvèrent rassemblées le 4 septembre sans avoir été inquiétées. Les deux autres divisions avaient été dirigées sur Mézières à partir du 29 août au soir avec un régiment de hussards

Retraite du 13e corps sur Paris.

et avec l'artillerie de réserve. La brigade Guilhem, de la 3e division, commandée par le général Blanchard, et qui seule comprenait 2 vieux régiments ramenés de Civita-Vecchia, tenait la tête ; elle arriva à Mézières dans l'après-midi du 30. Le quartier général du corps d'armée et le régiment de hussards, avec l'artillerie de la division Maud'huy, arrivèrent le lendemain et, enfin, dans la nuit du 31 août au 1er septembre, l'artillerie de réserve ainsi que celle de la division Maud'huy, suivie de la seconde brigade de la division Blanchard. Quant à la division Maud'huy, qui marchait la dernière, elle était encore en chemin de fer le 1er septembre. Après la bataille, elle reçut l'ordre de revenir sur Laon et de s'y arrêter.

Le général Vinoy s'était donc trouvé à Mézières seulement avec une division, un régiment de cavalerie et 12 batteries. Dès le 31, il avait envoyé des reconnaissances sur Poix et sur Flize qui, après s'être heurtées aux Allemands, se replièrent sur Mézières dans la soirée, ayant perdu une cinquantaine d'hommes, dont dix tués. Le 1er septembre, au bruit de la canonnade, il avait porté ses troupes dans la direction de Sedan ; mais, contenues par les Wurtembergeois, elles furent ramenées sur Mézières dans la journée. On apprit alors le mouvement des Allemands sur Donchery et Vrigne-aux-Bois, et en même temps on vit arriver du côté de la basse Meuse des voitures d'artillerie et des masses de fuyards qui avaient pu gagner la Meuse à travers les bois et qui, après avoir traversé le fleuve à Nouzon, se portaient sur Charleville par la rive gauche. Ces fuyards étaient au nombre d'environ 10,000 hommes. Le général Vinoy s'empressa de rendre compte de cette situation au

Ministre, qui lui répondit qu'il le laissait maître de ses mouvements, et aussitôt il prit ses dispositions pour se mettre en route dès le lendemain. Il dirigea tous les fuyards sur Avesnes et se mit en route avec les troupes du 13e corps dans l'intention de marcher par Rethel sur Laon, où il donna rendez-vous à la division Maud'huy.

On partit au milieu de la nuit, ayant en tête le 42e de ligne, en queue le 35e, les 12 batteries et les régiments de marche intercalés au centre, et le régiment de hussards en extrême-arrière-garde.

Vers 6 heures du matin, en approchant de Poix, on rencontra quelques uhlans qui se contentèrent de nous observer ; mais, en arrivant à Saulces-les-Bois, on apprit que Rethel était occupé par des troupes allemandes, que les gens du pays évaluaient à environ 10,000 hommes.

Pendant leur marche sur Sedan, les Allemands avaient en effet laissé entre l'Aisne et la Meuse tout un corps d'armée (le VIe) et les 5e et 6e divisions de cavalerie.

Le soir du 1er septembre, la 5e division était cantonnée aux environs de Tourteron, la 6e à Poix, ayant un régiment à Yvernaumont et à Boulzicourt ; c'étaient les patrouilles de ce régiment que le général Vinoy avait aperçues aux environs de Poix. Une partie de la 12e division d'infanterie occupait Rethel, tandis que le gros du VIe corps était resté aux environs d'Attigny et de Voncq.

Averti de l'occupation de Rethel, le général Vinoy prit le parti de changer de direction et de marcher sur Novion-Porcien. Mais ce mouvement lui-même ne s'exécuta pas sans difficulté, car l'arrière-garde française n'avait pas encore dépassé Saulces quand des obus commençaient à tomber dans le village. C'était le feu d'une batterie de la 5e division de cavalerie qui, avertie du

mouvement des Français, s'était empressée de se porter
sur les flancs de la colonne du 13e corps afin de retarder
sa marche. Pour s'en débarrasser; il fallut déployer
quelques bataillons et faire avancer quelques batteries.
Malgré le retard occasionné par cet engagement, la
colonne se trouva rassemblée vers 1 heure à Novion-
Porcien, ramenant une quarantaine d'hommes hors de
combat.

La cavalerie allemande, de son côté, se retira sur
Amagne et Poix, où se trouvait réunie une partie de la
5e division, pendant que la 6e s'arrêtait aux environs de
Lannois.

Pendant ce temps, le commandant du VIe corps avait
été averti également du mouvement de la colonne française et il avait prescrit à la 12e division, qui occupait
Rethel, de prendre ses mesures pour l'arrêter. Le général qui commandait cette division avait déjà appris le
mouvement du général Vinoy sur Novion-Porcien et, à
4 heures du soir, il porta ses troupes directement sur
Écly avec l'intention d'attaquer les Français le lendemain matin. Pendant ce temps, le gros du VIe corps
atteignait Rethel et Fleury. Le général Vinoy eut, de
son côté, connaissance de l'arrivée des Prussiens à Écly,
et il résolut de se dérober à leur attaque par une marche
de nuit. Le 3 septembre, à 2 heures du matin, il se
remit donc en marche dans la direction de Chaumont-
Porcien, où la division Blanchard arriva à 7 heures
et demie. Après un repos de 2 heures et demie, la
colonne française continua sa marche sur Seraincourt ;
mais, dans le même temps, le commandant de la 12e division avait dirigé ses troupes sur Novion-Porcien. Dès
qu'il apprit que cette localité était évacuée par les Fran-

çais, il lança à leur suite un régiment de cavalerie et deux batteries à cheval, faisant appuyer cette avant-garde par le gros de ses troupes. La cavalerie prussienne réussit à atteindre les Français avant qu'ils aient complètement abandonné Chaumont-Porcien et les deux batteries à cheval ouvrirent immédiatement le feu. Mais la colonne française continua son chemin sans répondre et, quand les bataillons prussiens arrivèrent sur le village, ils le trouvèrent complètement évacué.

Du reste, le commandant de la 12e division venait de recevoir l'ordre de ne pas continuer la poursuite et il cantonna ses troupes entre Chaumont et Novion-Porcien.

Le général en chef de la IIIe armée allemande, ayant été avisé de la présence de forces considérables à Reims, avait en effet prescrit, dans la soirée du 2 septembre, de diriger sur cette ville le VIe corps, ainsi que les 5e et 6e divisions de cavalerie.

Ces deux divisions avaient reçu ces instructions de bonne heure et s'étaient portées, le 3 septembre, la 1re sur Bergnicourt et Neuflize, la 2e sur Attigny.

Au VIe corps, la 11e division et l'artillerie de corps avaient également été mises en route dans la direction de Reims et s'étaient portés jusqu'à Juniville.

Mais la 12e était déjà en mouvement sur Novion-Porcien, lorsque lui parvinrent les dernières instructions du général en chef. Croyant tenir la colonne française, le commandant de la division n'avait pas cru devoir arrêter de suite ses troupes ; mais, ayant reçu dans l'après-midi de nouveaux ordres qui lui prescrivaient de se diriger vers le Sud, il prit ses dispositions pour porter, dès le lendemain, sa division sur Château-Porcien.

Grâce à ce changement de direction, le général Vinoy put continuer sa retraite sans rencontrer de nouvelles difficultés. Marchant pendant toute la journée du 3, il arriva à Montcornet à 8 heures du soir ; le 4, il atteignit Marle, où il apprit que la division Maud'huy était à Laon et la division d'Exéa à Soissons. Il y reçut également une dépêche de Paris qui lui apprenait la révolution qui venait d'éclater et lui prescrivait de ramener le 13ᵉ corps dans la capitale.

Pour assurer l'exécution de cet ordre, le général Vinoy se rendit de sa personne à Laon le même jour et y fit embarquer la division de Maud'huy pour Paris, tandis que la colonne venant de Mézières se portait elle-même de Marle sur Laon.

Les jours suivants, les 2 divisions d'Exéa et Blanchard, avec la cavalerie et l'artillerie qui leur étaient adjointes, furent également ramenées sur Paris, où le 13ᵉ corps se trouva réuni le 9 septembre.

La division Blanchard seule avait eu quelques difficultés à vaincre pendant les deux premiers jours de sa marche. Le général Vinoy les avait surmontées par sa fermeté et son activité, mais il faut reconnaître en même temps que rien n'était plus facile que de les éviter. Il suffisait, pour cela, de prendre la direction d'Hirson, ou au moins celle de Vervins, au lieu de celle de Rethel ; de cette façon, on eût été, dès le premier jour, complètement en dehors de la zone d'action des forces allemandes. De plus, on suivait une voie ferrée que l'on pouvait utiliser pour évacuer de suite les traînards et les hommes trop fatigués. Quant au gros de la colonne il pouvait, en cinq jours, atteindre la grande ligne de Paris à Maubeuge, à Saint-Quentin, où il se serait em-

barqué, tandis que les divisions d'Exéa et de Maud'huy
étaient ramenées sur Paris et Soissons, comme cela eut
lieu.

En prenant la direction du sud, au lieu de celle du
nord, le général Vinoy allait donc sans nécessité au-
devant de difficultés qui auraient pu devenir très
sérieuses, si les Allemands avaient cru plus utile de le
suivre que de marcher sur Reims ; sur ce dernier point,
nos adversaires avaient été complètement mis en
erreur, car, quand dans l'après-midi du 4 septembre
l'avant-garde du VIᵉ corps se présenta aux portes de
Reims, elle put constater que la ville était complètement
évacuée par les troupes françaises et y entra sans résistance.

A ce moment, le grand état-major allemand avait
déjà pris ses dispositions pour la marche des IIIᵉ et
IVᵉ armées sur Paris, et, comme elles n'avaient aucune
résistance à redouter, elles prirent le soin d'exécuter ce
mouvement sur un large front. Le XIᵉ corps, le 1ᵉʳ bavarois et la 4ᵉ division de cavalerie furent seuls laissés
pour quelque temps autour de Sedan afin de surveiller
les prisonniers et de diriger leur évacuation. Après un
jour de repos, tous les autres corps des deux armées
allemandes furent mis en marche.

Le 3 septembre, le Vᵉ corps se trouve à Flize, les
Wurtembergeois à Guignicourt, le IIᵉ corps bavarois à
Malmy et la 2ᵉ division de cavalerie à Poix. A l'armée
de la Meuse, la garde fut réunie à Carignan, les Saxons
entre la Chiers et la Meuse, le IVᵉ corps à Raucourt.

Le VIᵉ corps, avec les 5ᵉ et 6ᵉ divisions de cavalerie,
devaient former l'avant-garde des forces allemandes.

Marche
des Allemands
sur Paris.

Tandis que la 11ᵉ division atteignait Reims le 4 septembre, la 12ᵉ se portait par Château-Porcien sur Warmeréville.

Le gros de la 5ᵉ division était à Bazancourt et la 6ᵉ arrivait à Château-Porcien avec l'ordre de se diriger, les jours suivants, sur Laon.

Le même jour, la division wurtembergeoise atteignait Novy ; le Vᵉ corps, Saulces et Novion-Porcien ; le IIᵉ corps bavarois, Charbogne et, la 2ᵉ division de cavalerie, Attigny. Les corps de l'armée de la Meuse conservèrent à peu près les positions de la veille, sauf qu'un fort détachement de la garde faisait une tentative infructueuse sur Montmédy.

Le lendemain, le IVᵉ corps se porta sur Vandresse, le XIIᵉ sur la Besace, tandis que la garde occupait Mouzon. A la IIIᵉ armée, le VIᵉ corps fut réuni tout entier à Reims avec la 5ᵉ division de cavalerie, le Vᵉ à Juniville, le IIᵉ bavarois à Machault, la division wurtembergeoise à Bazancourt et la 2ᵉ division de cavalerie à Heutrégeville. Dans cette journée, le Roi porta son quartier général à Reims.

Il était dans les vues de l'état-major allemand que, pendant la marche sur Paris, l'armée de la Meuse tiendrait la droite et arriverait devant Paris par le nord-est, tandis que la IIIᵉ armée, passant la Marne entre Dormans et Épernay, continuerait son mouvement en cheminant entre la Marne et la Seine. Les 5ᵉ et 6ᵉ divisions de cavalerie furent affectées à l'armée de la Meuse, la 2ᵉ seule dut marcher avec la IIIᵉ armée.

Du reste, toutes ces troupes avaient besoin de repos et leurs mouvements furent assez lents.

La 6ᵉ division de cavalerie, à Château-Porcien depuis

le 4, n'arriva à Laon que le 9 ; le même jour, la 5e division atteignait Beaurieux, tandis que le IVe corps arrivait à Montcornet, le XIIe à Château-Porcien et la garde à Sévigny.

A la IIIe armée, le même jour, le VIe corps était à Dormans, le Ve à Orbais, le IIe bavarois à Vertus et la 2e division de cavalerie à Champaubert. La division wurtembergeoise se trouvait à Reims depuis le 7 et devait y rester jusqu'au 13 pour protéger le grand quartier général.

En entrant à Laon, la 6e division de cavalerie, renforcée d'un bataillon de chasseurs, avait pris 2,000 hommes de gardes mobiles qui furent laissés libres à la condition de ne plus porter les armes contre l'Allemagne. Ils avaient à peu près achevé d'évacuer la citadelle, lorsque se produisit une explosion qui tua ou blessa plus de 400 hommes, dont les trois quarts étaient Français. Le garde d'artillerie, chargé du matériel, avait mis le feu à la poudrière et s'était fait sauter avec elle.

Les jours suivants, le mouvement des deux armées continua vers Paris. Le 13 septembre, le IVe corps se trouvait à Vailly, le XIIe à Fismes, la garde à Braisne, la 5e division de cavalerie à Villers-Cotterets et la 6e à Vic-sur-Aisne. Ces divisions de cavalerie poussaient en même temps des reconnaissances sur La Fère et Soissons, qui montraient que ces deux points étaient assez fortement occupés. Le lendemain, le IVe corps faisait sur Soissons une tentative qui ne réussissait pas mieux que celle de la garde sur Montmédy.

A partir de ce moment, l'armée de la Meuse allait cheminer entre l'Aisne et la Marne ; les corps de la

IIIe armée étaient déjà au delà de cette dernière rivière.

Le 13, le VIe corps occupait la Ferté-sous-Jouarre, le Ve corps la Ferté-Gaucher, le IIe corps bavarois Jouy-le-Châtel, la 2e division de cavalerie Coulommiers. Le lendemain, le VIe corps poussait jusqu'à Meaux, tandis que la division wurtembergeoise se portait de Reims à Dormans.

Les corps laissés primitivement autour de Sedan s'étaient mis à leur tour en mouvement le 11. Le 15 septembre, le XIe corps atteignit Épernay, le Ier corps bavarois Reims ; la 4e division de cavalerie les précédait, tandis que la 2e poussait jusqu'à Tournan et que le Ve corps atteignait Crécy-en-Brie et le IIe bavarois Rozoy-en-Brie.

A l'armée de la Meuse, le IVe corps se trouvait le 15 à Villers-Cotterets, le XIIe à Mouthiers, la garde à La Ferté-Milon, la 5e division de cavalerie à Nanteuil-le-Haudouin, et la 6e à Senlis.

Le jour suivant, le IVe corps poussait jusqu'à Nanteuil, le XIIe à Lizy-sur-Ourcq, la garde à Acy. La 5e division se porta à Dammartin, la 6e atteignit l'Oise à Beaumont.

Dans cette journée du 16 septembre, la 2e division de cavalerie, en tête de la IIIe armée, gagnait Brie-Comte-Robert, le VIe corps restait à Meaux, mais le Ve atteignait Tournan, le IIe bavarois Moissy-Cramayel et la division wurtembergeoise qui, la veille, avait occupé Château-Thierry, se portait à la Ferté-sous-Jouarre. La 4e division de cavalerie était à Orbais, ayant déjà une brigade à Nangis. Le grand état-major général s'était porté, le 15, sur Meaux.

Pendant toute cette marche, les Allemands n'avaient

rencontré aucune résistance sérieuse, mais ils se heurtaient fréquemment à des groupes de francs-tireurs souvent fort entreprenants.

En approchant de Paris, on rencontra quelques partis de cavalerie française. Dès le 13, des patrouilles de la 2ᵉ division de cavalerie avaient été assaillies à Meaux par des chasseurs français et avaient laissé plusieurs prisonniers entre leurs mains ; le 16, des hussards de la 6ᵉ division de cavalerie, s'avançant jusque vers Saint-Denis, avaient aperçu des bivouacs français entre Pierrefitte et Saint-Denis.

On était arrivé aux portes de la capitale française et le moment était venu de prendre les dispositions nécessaires pour en exécuter l'investissement.

Paris se trouve, comme on sait, au centre du bassin de la Seine, au confluent de la Marne et non loin du confluent de l'Oise. Depuis 1840, cette grande capitale se trouve entourée d'une enceinte protégée elle-même par un certain nombre de forts. En commençant par la basse Seine à hauteur de Saint-Denis, on trouve le fort de la Briche, la double Couronne et le fort de l'Est qui défendent les approches du côté du Nord et couvrent la ville de Saint-Denis, puis le fort d'Aubervilliers, avec quelques redoutes entre le fort de l'Est et le canal de l'Ourcq. Ces divers ouvrages occupent une vaste plaine dominée à gauche par les hauteurs de Montmorency et, à droite, par celle de Vaujours.

Au delà du canal de l'Ourcq commence le plateau de Romainville qui se prolonge, le long de la rive droite de la Marne, jusqu'à Nogent et sur lequel se trouvent les quatre forts de Romainville, de Noisy-le-Sec, de

Les fortifications de Paris.

Rosny et de Nogent, avec les redoutes de Noisy, de la Boissière et de Fontenay. C'était la partie la plus forte des défenses de Paris et l'on peut dire que, malgré les récents progrès de l'artillerie, la capitale se trouvait assez bien couverte de ce côté.

On sait qu'avant de se jeter dans la Seine, la Marne forme une grande boucle rétrécie à la gorge et qui comprend entre ses deux branches la presqu'île de Saint-Maur. L'entrée de cette presqu'île était fermée par les redoutes de Gravelle et de la Faisanderie, reliées par une ligne fortifiée.

Enfin, entre la Marne et la Seine, le terrain était occupé par le fort de Charenton.

Sur la rive gauche de la Seine, on avait d'abord les forts d'Ivry et de Bicètre entre le fleuve et la Bièvre, puis, entre la Bièvre et le ravin de Sèvres, les trois forts de Montrouge, Vanves et Issy ; ces cinq ouvrages étaient dominés à faible distance par les hauteurs de Villejuif et de Châtillon.

On sait encore qu'en sortant de Paris, la Seine se replie plusieurs fois sur elle-même formant plusieurs presqu'îles successives ; de Sèvres, le fleuve se dirige par Saint-Cloud et Asnières vers Saint-Denis, puis revient par Argenteuil vers Saint-Germain. Le terrain compris dans cette boucle de la Seine est connu sous le nom de presqu'île de Gennevilliers. Il n'était protégé que par un seul fort, le mont Valérien, dominant tout le terrain environnant.

En somme, les défenses de la capitale de la France étaient loin d'être à hauteur des nécessités de la guerre contemporaine. A l'est, les fortifications du plateau de Romainville, couvertes en partie par le cours de la Marne, pouvaient bien paraître suffisantes ; il en était de même à l'ouest, grâce au mont Valérien et au double fossé de la Seine ; mais, au nord et au sud, les forts de 1840 étaient dans une situation très défavorable vis-à-vis de l'artillerie que l'ennemi pouvait établir sur les hauteurs voisines. Aussi, dès le premier jour de la déclaration de guerre, on songea à les renforcer par de nouveaux ouvrages ; on devait construire un ouvrage au plateau d'Avron, en avant du fort de Rosny, un autre à Gennevilliers pour relier le fort du mont Valérien au fort de la Briche, un troisième à Montretout pour protéger Saint-Cloud, enfin, au sud, un nouvel ouvrage devait être établi sur le plateau de Châtillon, à 2,000 mètres en avant des forts de Montrouge et de Vanves et deux redoutes aux Hautes-Bruyères et au moulin Saquet pour défendre le plateau de Villejuif en avant des forts de Bicêtre et d'Ivry. Mais on prit de si mauvaises dispositions pour réaliser ces projets que, quand les Allemands se présentèrent aux abords de Paris, la plupart de ces ouvrages étaient à peine commencés. On peut remarquer que, depuis longtemps, les Français se sont toujours montrés malhabiles à improviser la défense d'une grande position militaire. Déjà, en 1814, on n'avait su tirer aucun parti des immenses ressources que renfermait la capitale. Dès le mois de janvier, Napoléon avait eu l'intention de faire de Paris une place forte et il avait prescrit de reconnaître les hauteurs à occuper (1). A cette époque, l'idée de Napoléon était de s'y retirer et de ne jamais l'abandonner. Après l'échec de Laon, et au moment où il songeait à se porter

---

(1) Lettres au Ministre des 11 et 12 janvier.

vers l'est, il avait donné l'ordre de construire des
redoutes à Montmartre. Mais le projet qui lui fut envoyé
ne lui parut pas pratique. « Le plan que l'on m'a pré-
senté, dit-il dans une lettre à Joseph, m'a paru bien
compliqué (13 mars). Il faut des choses très simples. »
Par suite de son éloignement, on ne sut pas trouver une
solution simple et réalisable et, quand l'ennemi parut
aux portes de Paris, il trouva la capitale absolument
sans défense.

Il n'en fut pas tout à fait de même en 1870, parce
que, 30 ans plus tôt, on avait entouré la ville de solides
fortifications. Mais ces fortifications avaient besoin d'être
complétées, et quoiqu'on ait eu quatre fois le temps
d'organiser les défenses nécessaires, rien n'était fait au
milieu du mois de septembre. Nos ingénieurs n'avaient
songé qu'à faire de la grande fortification, de belles
maçonneries avec des talus bien léchés, tandis qu'il
ne s'agissait que d'organiser un champ de bataille.
Cependant, la marche à suivre dans de pareilles circonstances paraît bien simple. On doit d'abord rechercher les positions à occuper par l'artillerie, parce
qu'elles sont absolument commandées par le terrain.
Une fois ces positions reconnues, on doit y élever des
batteries, à l'instar des batteries de siège, mais en
leur donnant une solidité plus complète. Or on sait
que de semblables batteries ne demandent pas plus
de 36 heures pour être construites dans les conditions
de la guerre de siège.

Dès qu'on dispose seulement de huit jours, on a tout
le temps nécessaire pour organiser des passages et des
abris blindés ainsi que des magasins pour les munitions.
Dès que ces batteries sont construites, il n'y a plus qu'à

les relier par des tranchées destinées aux troupes d'infanterie pour achever l'organisation de la position. Si l'on s'était laissé diriger par de semblables idées, rien n'eût été plus facile que de s'établir solidement sur le plateau de Villejuif, sur le plateau de Châtillon et à Montretout.

On comprend que l'on n'y ait pas songé aux débuts de la guerre, car on pouvait espérer qu'au moins l'ennemi serait maintenu longtemps à la frontière. Mais, à la nouvelle du désastre de Sedan, il n'était plus permis de se faire d'illusions ; on disposait encore de quinze jours, c'est-à-dire de deux fois plus de temps qu'il n'en fallait pour donner aux positions à occuper toute la solidité désirable. Cependant, on ne songea pas à autre chose qu'à continuer la grande fortification que l'on avait commencée. On peut objecter à ces considérations qu'en organisant les abords de la place comme nous venons de le dire, on n'est pas en mesure de résister à l'artillerie de siège. Mais il est aisé de répondre que, justement, les Allemands, en arrivant sur Paris, ne disposaient pas de pièces de gros calibre, et qu'il leur fallait plus de deux mois avant de pouvoir en amener devant la place. En armant de nombreuses batteries avec des pièces de 12 et de 24, dont on disposait en abondance, et en installant dans l'intervalle quelques batteries mobiles, on avait donc tous les moyens de combattre l'artillerie de campagne de l'assaillant. Du reste, rien n'empêchait, tout en fortifiant rapidement la position, d'achever la construction des ouvrages plus importants que l'on avait commencés. Mais, pour réussir dans cette tâche, la première condition à remplir était de rester maître du terrain que ces ouvrages devaient occuper.

Or on ne fit rien dans ce sens ; aussi, la plupart des travaux entrepris durent-ils être abandonnés. Pour qu'il en pût être autrement, il aurait fallu disposer d'une grande armée ; malheureusement, les forces réunies à Paris étaient encore plus insuffisantes que la fortification.

Forces réunies à Paris.

Elles étaient cependant nombreuses, mais, pour la plupart, complètement dépourvues d'instruction.

Deux corps seuls, le 13e et le 14e, étaient à peu près organisés et présentaient quelque valeur.

Le 13e corps avait été formé dans la seconde moitié du mois d'août et ses trois divisions avaient été acheminées sur Reims et sur Mézières. Nous avons vu comment ce corps, à la nouvelle du désastre de Sedan, s'était replié précipitamment sur Paris. Il avait à sa tête le général Vinoy. Il comprenait deux vieux régiments, le 35e et le 42e, qui devaient s'illustrer dans la défense de Paris, et 10 régiments de marche numérotés de 5 à 14, formés avec des 4es bataillons. Chaque division avait 3 batteries et il y avait, de plus, une réserve d'artillerie de 6 batteries et une brigade de cavalerie.

Le 14e corps, sous les ordres du général Renault, comprenait également 3 divisions d'infanterie formées avec 12 régiments de marche numérotés de 15 à 26 ; chaque division n'avait que 2 batteries, mais il y avait, comme au 13e corps, une réserve de 6 batteries et une brigade de cavalerie comprenant 2 régiments récemment venus d'Afrique.

En dehors de ces deux corps d'armée, il y avait à Paris une certaine quantité de troupes d'infanterie réparties dans les dépôts des régiments qui, au moment de la déclaration de guerre, tenaient garnison dans la capitale ou dans ceux de la garde à Versailles. En les groupant, on put organiser encore quelques régiments de marche qui prirent les numéros 28, 34, 35, 36, 37, 38 et 39. On forma également quelques bataillons de chasseurs et un régiment de marche de zouaves.

Il y avait, de plus, à Paris, un grand nombre de bataillons de mobiles dont 18 du département de la Seine. Ces derniers, rapidement organisés vers le commencement du mois d'août, avaient été dirigés sur le camp de Châlons ; mais leur esprit d'insubordination fit penser qu'il n'y avait aucun parti à en tirer, et ils furent ramenés à Paris le 18 août ; les autres, venant de province, étaient plus capables d'être disciplinés, et plusieurs d'entre eux devaient montrer une véritable valeur dans les combats livrés autour de Paris. Il y avait enfin la garde nationale de Paris, comprenant d'abord 60 bataillons, puis 120 ; enfin, plus de 250, dès qu'on y comprit tous les hommes valides de 25 à 35 ans.

Les 60 premiers, organisés par l'Empire, présentaient seuls une certaine valeur ; pour beaucoup d'autres, on peut dire que c'était un ennemi à l'intérieur presque aussi redoutable que celui du dehors. Ils furent généralement chargés du service du rempart.

On essaya pourtant d'en tirer quelques bataillons dits *mobilisés* et de les employer à l'extérieur. Mais on s'aperçut rapidement qu'il n'y avait rien de bon à en attendre. Quelques corps francs, organisés avec l'autorisation du Ministre de la guerre, rendirent de meilleurs services.

On ne doit pas omettre le contingent fourni par la marine et qui comprenait 14,000 hommes d'excellentes

troupes. En somme, les forces d'infanterie réunies à
Paris devaient comprendre :

90,000 hommes de troupes de ligne, y compris les
troupes de marine ;

115,000 gardes mobiles et plus de 300,000 hommes
enrôlés dans la garde nationale (1). En laissant ces
derniers de côté, on devait disposer de près de 200,000
hommes à opposer à l'ennemi ; mais encore les deux
tiers au moins ne pouvaient être utilisés immédiatement ;
il fallait auparavant achever leur organisation et développer leur instruction.

Mais, pendant ce temps, l'ennemi allait s'établir solidement autour de la capitale, de sorte que, quand ces
troupes eurent acquis une véritable valeur, tous leurs
efforts devaient échouer devant les lignes fortifiées des
Allemands. Dès qu'on ne pouvait les utiliser de suite,
c'était une grave faute de les attirer dans Paris, où ils
ne pouvaient rendre aucun service, et nous ajouterons
même que, s'ils eussent été capables de combattre immédiatement, c'eût été encore une faute de les renfermer
dans la capitale, car ils ne pouvaient pas y rendre autant
de services qu'en province.

Comme cavalerie, en dehors des deux brigades primitivement affectées aux 13e et 14e corps, on put organiser
plusieurs régiments de marche.

Une brigade de cuirassiers fut réunie à la brigade
du 13e corps (6e hussards, 6e dragons) pour former une
division qui fut placée sous les ordres du général Reyau.

De même, une brigade de marche de dragons fut

---

(1) D'après le général Trochu, sur ces 300,000 hommmes on
comptait 30,000 repris de justice.

réunie à la brigade du 14ᵉ corps pour former une seconde division qui fut placée sous les ordres du général Champéron. On put encore organiser, sous les ordres du général de Bernis, une brigade de régiment de marche formée en partie avec les Cent-Gardes et les dépôts de cavalerie de la garde. Comme pour l'infanterie, plusieurs corps francs furent formés, parmi lesquels on doit distinguer les éclaireurs Franchetti, qui devaient se signaler par de brillants services.

Enfin il y eut une légion de cavalerie de la garde nationale qui fut surtout chargée de fournir des escortes, des plantons et des ordonnances aux divers quartiers généraux.

En fait d'artillerie de campagne, il n'y eut tout d'abord que les batteries affectées aux 13ᵉ et 14ᵉ corps. Mais on put ensuite, avec les ressources fournies par les dépôts des divers régiments, organiser jusqu'à 93 batteries de campagne avec l'artillerie de terre. La marine en fournit 16 et la garde mobile 15.

Le matériel ne manquait pas non plus pour l'armement de la fortification. On disposait de plus de 2,500 bouches à feu de siège ou de place, dont les trois quarts étaient rayées ; il y avait notamment plus de 200 pièces de 12, c'est-à-dire d'un modèle assez léger pour armer des batteries improvisées et être changées de position suivant les circonstances.

Il y avait donc en somme, à Paris, au moment de l'approche des Allemands, des ressources considérables, mais les 13ᵉ et 14ᵉ corps seuls étaient actuellement en état de combattre.

Les généraux
Trochu, Vinoy
et Ducrot.

La direction de la défense était confiée au général Trochu qui, au titre de gouverneur de la place, joignait celui de président du Gouvernement de la Défense nationale. M. Jules Favre en était le vice-président en même temps que Ministre des Affaires étrangères. Les autres membres du Gouvernement établi le 4 septembre à la place de l'Empire étaient MM. Arago, Crémieux, Jules Ferry, Garnier-Pagès, Gambetta, Glais-Bizoin, Pelletan, Picard, Jules Simon et Rochefort. Deux d'entre eux, MM. Crémieux et Glais-Bizoin, furent bientôt envoyés à Tours pour représenter le Gouvernement en province. On aurait voulu y faire entrer M. Thiers et même le porter à la présidence; mais il avait rejeté toutes les ouvertures qui lui avaient été faites. La France se trouvait donc entre les mains d'hommes remplis de patriotisme et de dévouement; quelques-uns même possédaient de grands talents, mais presque tous étaient dépourvus de l'expérience des grandes affaires et sans prestige vis-à-vis de l'Europe.

Au point de vue militaire, le général Trochu passait pour un homme capable.

On savait qu'il avait dû son avancement à son mérite et à ses services et non pas à un esprit de courtisan.

Il avait critiqué bien des points de notre organisation et proposé des réformes qui n'avaient pas été accueillies. Il était mal vu à la Cour des Tuileries et quelques-uns, parmi les plus ardents partisans de l'Empire, l'accusaient d'avoir abandonné l'Impératrice au moment où il aurait dû la protéger.

C'en était assez, dans les circonstances, pour lui attirer la confiance de la population parisienne et celle de ses collègues du Gouvernement.

Mais, ayant prévu nos premiers désastres, les croyant mérités par les fautes et même les vices du régime impérial, il était de ceux qui pensaient que ces désastres étaient irréparables. Il ne songeait certainement pas à se mettre de suite à la merci des Allemands ; mais il croyait qu'il faudrait en venir là après une résistance plus ou moins longue ; s'il était cependant résolu à lutter avec toute l'énergie possible, c'était moins avec l'espoir de libérer le territoire qu'en vue de sauver l'honneur du pays.

Parmi les généraux qui devaient l'aider dans la défense de la capitale, il y en avait deux qui jouissaient déjà d'une certaine notoriété.

L'un, le général Vinoy, tiré du cadre de réserve pour prendre le commandement du 13e corps, venait d'attirer l'attention par l'heureuse retraite de la division qu'il avait conduite jusqu'à Mézières.

L'autre, le général Ducrot, avait joué un des principaux rôles à la bataille de Sedan ; à Pont-à-Mousson, il était parvenu à s'échapper des mains des Allemands et s'était empressé de venir se mettre à la disposition du Gouvernement de la Défense nationale. On ne savait pas encore, à cette époque, que seul il avait vu clair dans la situation de l'armée française à Sedan et, qu'en l'écoutant, on eût probablement évité la capitulation ; mais, depuis longtemps, il passait pour un soldat vaillant et instruit. Il était d'ailleurs, de vieille date, un ami du général Trochu, qui lui donna le premier rôle ; et l'on peut dire en réalité que, si le gouverneur eut la direction de toutes les opérations, le général Ducrot fut l'âme de la défense. Tels étaient les moyens dont on disposait à Paris pour lutter contre l'invasion et les hommes qui avaient pour mission de les mettre en œuvre.

Peu de jours après la nouvelle du désastre de l'armée de Châlons, on apprit la marche des Allemands sur Paris et l'on se demanda si, avec le peu de troupes organisées dont on disposait, les fortifications de la capitale suffiraient pour la protéger.

L'arrivée du 13ᵉ corps, le 9 septembre, rendit un peu de confiance ; ce corps fut d'abord établi dans l'avenue de la Grande-Armée.

On en détacha, comme nous l'avons déjà dit, sa brigade de cavalerie pour l'employer à faire une division sous les ordres du général Reyau.

Une autre division de cavalerie fut formée de même sous les ordres du général Champéron.

Ces deux divisions furent envoyées sur Meaux pour observer et harceler l'ennemi qui, déjà, était sur la Marne et se disposait à marcher sur la Seine. Le 11 septembre, le 13ᵉ corps dut quitter sa première position pour venir s'établir entre le pont de Sèvres et le village de Saint-Ouen, faisant ainsi face à la Seine ; mais le 15 septembre, à la nouvelle que l'ennemi s'avançait sur Joinville, ce corps d'armée fut porté de l'est à l'ouest de Paris et vint s'établir entre Charenton et Vincennes. En même temps, à l'approche des Allemands, les deux divisions de cavalerie envoyées sur Meaux s'étaient repliées. La division Champéron fut portée sur Vincennes avec le 13ᵉ corps ; la division Reyau sur Versailles, d'où elle fut dirigée sur la Loire.

Quant au 14ᵉ corps, il avait pris position au sud de Paris depuis le Bas-Meudon jusqu'à la Seine, en avant du fort d'Ivry.

On s'attendait donc à voir bientôt les Allemands ;
mais, tout en se disposant à les arrêter par la force, on
avait essayé d'entrer en pourparlers avec eux.

Dès le 10 septembre, le Ministre des Affaires étrangères, Jules Favre, s'était adressé à M. de Bismarck
pour lui demander une entrevue ; le grand chancelier
avait décliné ces ouvertures sous le prétexte qu'il n'y
avait pas, en France, de pouvoir régulier capable de
traiter.

En même temps, M. Thiers, quoique ayant refusé de
faire partie du Gouvernement, avait consenti à user de
son influence pour plaider la cause de la France vis-à-vis
des grands États de l'Europe. Dès le 12, il était parti
pour l'Angleterre. En arrivant à Londres, il put se convaincre rapidement qu'il ne fallait pas compter sur l'intervention de nos anciens alliés de Crimée ; fixé sur ce
point, il se contenta de réclamer les bons offices du
cabinet anglais pour amener des pourparlers entre la
Prusse et le Gouvernement de Paris.

Il reconnaissait bien que le Gouvernement n'avait pas
une origine complètement légale ; mais il fit admettre en
même temps que c'était un Gouvernement de fait, qui
s'était établi sans opposition, et par nécessité, à la suite
de l'effondrement de l'Empire, qui était tombé de lui-
même sans qu'on ait eu besoin d'employer la force.

Il ajoutait du reste, et c'était d'ailleurs la manière de
voir de Jules Favre, qu'en entrant en relation avec les
Allemands il ne s'agissait pas de traiter des conditions de
la paix, mais seulement d'obtenir un armistice dont
l'objet principal serait justement de faire des élections
et d'élire une Chambre qui, elle, aurait tous les pou-

Négociations.

voirs nécessaires pour donner au Gouvernement la légalité qui lui manquait et lui permettre de discuter les
conditions d'une paix définitive.

Ces observations, appréciées comme elles le méri-
taient, furent transmises à M. de Bismarck par l'in-
termédiaire d'un secrétaire de l'ambassade anglaise à
Paris, et le grand chancelier se déclara prêt à entrer en
pourparlers.

Entrevue
de Ferrières.

Prévenu de ces dispositions, Jules Favre quitta Paris
le dimanche 18 septembre, sans avoir prévenu ses collègues de la démarche qu'il allait tenter auprès de
M. de Bismarck. Le Ministre des Affaires étrangères
sortit de Paris par la porte de Charenton et se dirigea
sur Créteil.

Déjà, la cavalerie prussienne était aux approches de la
capitale et bientôt Jules Favre, tombant au milieu des
avant-postes ennemis, fut conduit à Villeneuve-Saint-
Georges. Là, il écrivit à M. de Bismarck pour lui faire
connaître le but de sa démarche et il en reçut le lendemain matin une réponse par laquelle il était invité à
venir le voir à Meaux. Le Ministre se remit en marche
et eut sa première entrevue, avec le chancelier, à la
Haute-Maison, au delà de Crécy-en-Brie.

Dès les premiers mots, M. de Bismarck déclara nettement qu'il lui fallait Strasbourg.

L'homme qui, quelques jours auparavant, dans une
circulaire à tous les agents de la France à l'étranger,
avait écrit que nous ne céderions « ni un pouce de notre
territoire, ni une pierre de nos forteresses », n'aurait pu
accepter une pareille condition ; mais, sans engager
aucune discussion au sujet des conditions d'une paix

définitive, il se contenta d'insister sur le but précis de sa démarche, qui était d'obtenir les moyens de convoquer une Assemblée qui aurait tous les pouvoirs pour traiter.

« Pour cela, répondit M. de Bismarck, un armistice serait nécessaire et je n'en veux à aucun prix. » Cette réponse termina le premier entretien et l'on prit rendez-vous pour le soir à Ferrières. Là, le chancelier se laissa convaincre qu'un armistice n'était pas absolument impossible ; mais, ne pouvant rien décider sans avoir consulté le roi de Prusse, il quitta Jules Favre en lui assignant un nouveau rendez-vous pour le lendemain. A cette troisième entrevue, M. de Bismarck fit connaître les conditions auxquelles le roi accordait un armistice : « L'Assemblée réunie à Tours ; armistice de quinze jours, ne s'étendant pas à Metz ; toute liberté pour les élections ; saufs-conduits pour les électeurs parisiens, mais les habitants de l'Alsace et de la Lorraine allemande exclus du vote ; occupation d'un ou plusieurs forts autour de Paris et, en tout cas, d'un fort dominant l'enceinte comme, par exemple, le mont Valérien ; toutes les forteresses des Vosges livrées ; Strasbourg occupé, sa garnison prisonnière de guerre (1).

En entendant de pareilles propositions, Jules Favre ne put contenir son émotion, et, sans essayer de les discuter, il rompit l'entretien ; le jour même il rentrait à Paris et fit connaître de suite à ses collègues le résultat de sa démarche. Le rejet des propositions fut voté à l'unanimité, et le 21, le Ministre des affaires étrangères écrivait à M. de Bismarck la lettre suivante (2) :

(1-2) Voir Jules Simon, pages 92 et 93. (*Le Gouvernement de la Défense nationale.*)

« J'ai exposé fidèlement à mes collègues du gouvernement de la Défense nationale la déclaration que Votre Excellence a bien voulu me faire. J'ai le regret de faire connaître à Votre Excellence que le Gouvernement n'a pu admettre vos propositions. Il accepterait un armistice ayant pour objet l'élection et la réunion d'une Assemblée nationale ; mais il ne peut souscrire aux conditions auxquelles Votre Excellence le subordonne. Quant à moi, j'ai la confiance d'avoir tout fait pour que l'effusion du sang cessât et que la paix fût rendue à nos deux nations, pour lesquelles elle serait un grand bienfait. Je ne m'arrête qu'en face d'un devoir impérieux qui m'ordonne de ne pas sacrifier l'honneur de mon pays, décidé à résister énergiquement. Je m'associe sans réserve à son vœu ainsi qu'à celui de mes collègues. Dieu, qui nous juge, décidera de nos destinées ; j'ai foi dans sa justice. »

Tout le monde était indigné des prétentions de la Prusse, et l'on était résolu à lutter jusqu'à la dernière extrémité ; malheureusement, pendant le temps même que s'étaient engagés ces essais de négociations, les hostilités avaient déjà commencé autour de Paris, et les premiers combats n'avaient pas, tant s'en faut, tourné à notre avantage.

Dispositions
des Allemands
pour
investir Paris.
Les dispositions arrêtées par le grand état-major pour investir la capitale furent les suivantes :

Partant des positions occupées le 16, l'armée de la Meuse fut chargée d'effectuer l'investissement au nord, en occupant le pays entre la Marne et l'Oise, pendant que la IIIe armée viendrait s'établir entre la Marne et la Seine et sur toute la zone située sur la rive gauche.

A cet effet, le 17, le VIe corps fut dirigé sur Pontault et Noiseau, le Ve sur Villeneuve-Saint-Georges, avec la 2e division de cavalerie ; le IIe corps bavarois sur Corbeil, et la brigade de tête de la 4e division de cavalerie sur Melun. A la nouvelle des mouvements des Allemands sur la Seine, le général Vinoy avait mis en marche, le 17 au matin, la division d'Exéa, avec un régiment de cavalerie, et les avait établis à Créteil et sur le Montmesly. Quelques cavaliers prussiens, qui s'étaient avancés à peu de distance de ces positions, furent repoussés à coups de canon. Mais, bientôt, une batterie du Ve corps, soutenue par plusieurs bataillons, vint s'établir à Valenton et riposta à l'artillerie française ; les fantassins eux-mêmes essayèrent sans succès une attaque sur le Montmesly. Mais le général Vinoy n'avait en vue que d'exécuter une reconnaissance : ayant reconnu clairement que l'ennemi était en force et qu'il se portait sur Choisy-le-Roi, il replia ses troupes sur Créteil. La retraite s'exécuta en bon ordre ; on n'avait perdu que 8 hommes tués et 37 blessés ; les pertes des Allemands avaient été d'une centaine d'hommes. Pendant le combat, la tête de colonne du Ve corps avait atteint Villeneuve-Saint-Georges, y avait jeté un pont sur la Seine, et un régiment d'infanterie s'était porté sur la rive gauche ; le reste du corps d'armée s'établit sur la rive droite, à Limeil et Boissy-Saint-Léger.

La 2e division de cavalerie avait également passé la Seine à Villeneuve-Saint-Georges et s'était avancée jusqu'à Juvisy et Athis ; le VIe corps atteignait Pontault et Noiseau ; le IIe corps bavarois, avec une brigade de uhlans, avait passé en partie à Corbeil et occupé Bretigny, poussant sa cavalerie jusqu'à Longjumeau.

L'objectif de la IIIe armée était d'atteindre Versailles ; elle continua son mouvement le 18. Dans cette journée, la 2e division de cavalerie parvint jusqu'à Saclay, la brigade de tête du Ve corps atteignit Palaiseau à midi, suivie du reste du corps d'armée. En même temps, le IIe corps bavarois se portait sur Longjumeau et Montlhéry, et le VIe corps établissait le gros de ses forces entre la Seine et la Marne, tandis qu'une de ses brigades passait la Seine à la suite du Ve corps et s'avançait jusqu'à Villeneuve-le-Roi.

Plus à gauche, la brigade de tête de la 4e division de cavalerie avait passé la Seine à Melun pour couvrir le flanc de l'armée.

Du côté de l'armée de la Meuse, on avait fait également de sensibles progrès pendant ces deux journées ; le 17, le IVe corps avait atteint Dammartin, tandis que les 5e et 6e divisions de cavalerie poussaient jusqu'à Pontoise. Ces deux divisions avaient l'ordre d'y passer l'Oise le lendemain et de se porter sur la Seine qu'elles devaient traverser à Triel ; les ponts étaient détruits sur ces cours d'eaux ; mais les pionniers du IVe corps purent établir un pont de bateaux à Pontoise, où les deux divisions de cavalerie traversèrent la rivière le 18. En même temps, le IVe corps atteignit Saint-Brice ; la garde, Mitry, et les Saxons, Claye. Le lendemain 19, le IVe corps vint occuper Montmorency et Graulay ; la garde, Gonesse et Aulnay ; le XIIe corps, Chelles et la forêt de Bondy. En même temps, les Wurtembergeois, qui, le 17, se trouvaient à Meaux, s'étaient portés, le 18, à Lagny, et, le 19, passèrent sur la rive gauche de la Marne, de manière à relier les IIIe et IVe armées. Tous ces mouvements s'étaient exécutés sans aucune difficulté ;

l'armée de la Meuse n'avait trouvé devant elle que de
faibles détachements qu'elle avait facilement refoulés
sur les ouvrages de Saint-Denis, et, en somme, l'investissement s'était aisément accompli sur les faces nord
et est de Paris.

Les chefs de l'armée française avaient pris, en effet,
le parti de porter la portion principale des forces dont
ils disposaient au sud de la capitale avec l'intention de
s'opposer aux mouvements de la IIIe armée allemande
sur Versailles. Le général Ducrot, arrivé à Paris le 15,
s'était empressé de se mettre à la disposition du gouvernement de la Défense nationale. Dès que le général
Trochu l'eut mis au courant de la situation de Paris, le
général Ducrot émit l'avis que l'abandon des hauteurs
de Montretout et de Châtillon pouvait avoir les plus
fâcheuses conséquences, et, à la suite d'une reconnaissance exécutée par les deux généraux dans la journée
du 16, il fut décidé que l'on s'efforcerait de conserver
ces positions ; le 17, 2 divisions du 14e corps furent
établies sur le plateau de Châtillon : la 1re division
(Caussade), entre Clamart et Châtillon ; la 2e (d'Hugues),
à Châtillon ; la 3e (de Maussion), vint occuper en même
temps le plateau de Villejuif. Le général Ducrot était
nommé au commandement supérieur des 13e et 14e corps ;
cependant, comme ces deux corps étaient séparés, le
général Ducrot n'eut réellement sous ses ordres que le
14e corps. Le 17 et le 18, il fit reconnaître toute la vallée
de la Bièvre par le capitaine Faverot, son officier d'or-
donnance, ayant à sa disposition un escadron de guides.
Le 18 au matin, à quelque distance de Palaiseau, cet
officier découvrit une avant-garde prussienne suivie de

Disposition
des Français.

5

4 escadrons en marche sur Versailles et en rendit compte à son général. Au reçu de ces nouvelles, le général en chef prescrivit à la brigade de cavalerie de Bernis, qui venait d'être mise à sa disposition, d'exécuter une forte reconnaissance dans la direction de Verrières, et en même temps il fit occuper solidement le village de Plessis-Piquet par le 15e de marche, de la division Caussade, tandis qu'il établissait le gros de cette division à la lisière du bois de Meudon, depuis la ferme de Trivaux jusqu'au-dessus de Clamart. Le général de Bernis, conformément à ses instructions, se porta sur Petit-Bicêtre; ses éclaireurs refoulèrent quelques cavaliers prussiens, mais furent arrêtés par une vive fusillade partie de l'Abbaye-aux-Bois; le gros de la brigade, en s'avançant sur Villacoublay, n'y rencontra pas d'ennemis et se replia sur Châtillon. Elle fut rencontrée par le général Ducrot qui, en voulant lui-même reconnaître le terrain, avait été accueilli par une fusillade partie de la lisière du bois de Verrières. Il fit faire demi-tour à notre cavalerie et porta en avant deux pièces d'artillerie pour arrêter un groupe de troupes allemandes qui s'avançait sur la ferme dite *Pointe de Trivaux*. Nos obus obligèrent les Allemands à se retirer, et la brigade de Bernis vint s'établir pour la nuit près de la redoute en construction à Châtillon.

Les troupes auxquelles on venait de se heurter appartenaient à l'avant-garde du Ve corps prussien qui, comme nous l'avons vu, avait atteint Palaiseau à midi. Elle s'était ensuite portée sur le bois de Verrières et avait obligé nos tirailleurs à se retirer du côté de Trivaux.

Après avoir occupé Petit-Bicêtre et Villacoublay, un

bataillon prussien se porta sur la ferme de Dame-Rose.
Le général Ducrot avait reçu dans la matinée le régiment de zouaves de marche pour renforcer sa droite et
les avait établis près de Meudon, faisant occuper la
ferme par une compagnie. Les Français ne résistèrent
que faiblement au bataillon prussien, qui put entrer
dans la ferme en faisant une soixantaine de prisonniers.

Malgré cet échec, le général Ducrot resta résolu à
faire tous ses efforts pour conserver sa position de Châtillon, et il prit ses mesures pour attaquer l'ennemi le
lendemain à la pointe du jour. Il venait de recevoir une
lettre du gouverneur qui l'invitait à tâter le flanc de
l'ennemi et lui annonçait l'envoi de la division Maud'huy,
du 13e corps, pour l'appuyer. Cette division étant venue
en effet relever la division de Maussion sur le plateau
de Villejuif, le général Ducrot établit cette dernière à
Bagneux pour protéger sa gauche, et, avec le reste de
ses forces, il prit le parti d'attaquer l'ennemi en se portant sur Villacoublay et Petit-Bicêtre ; les instructions
du gouverneur l'autorisaient à prendre l'offensive, si
l'ennemi s'allongeait en marchant sur Versailles, mais re-
commandaient la plus grande circonspection. Le général
Trochu n'avait qu'une médiocre confiance dans cette
opération. Le général Ducrot, au contraire, espérait tomber sur les colonnes allemandes mal concentrées et les
refouler jusqu'à la Seine.

Pour mettre son projet à exécution, il porta en avant
les divisions Caussade et d'Hugues, le 19, avant le
jour : la 1re, à droite, avait pour premier objectif Villacoublay et devait être appuyée par les zouaves qui avaient
ordre de se porter sur Dame-Rose ; la 2e, à gauche,

Combat
de Châtillon
(19 septembre).

devait se diriger en même temps sur Petit-Bicêtre, couverte à gauche par le 15e de marche qui, depuis la veille, occupait le Plessis-Piquet. Entre les deux divisions, devait marcher la brigade de cavalerie de Bernis, suivie de l'artillerie. En outre, la division de Maussion, qui occupait Bagneux, dut détacher un régiment (le 26e de marche) sur Châtillon pour protéger la redoute inachevée où l'on établit, cependant, 8 pièces de 12. A 6 heures et demie, la division d'Hugues s'empare de la Tuilerie du Pavé blanc et se dispose à attaquer Petit-Bicêtre ; en même temps, la division Caussade débouche de Trivaux sur le bois de la Garenne. Les batteries s'établissent entre les deux divisions pour préparer l'attaque du Petit-Bicêtre ; une batterie allemande, qui s'était portée près de ce village, est obligée de se retirer. Plusieurs autres viennent la remplacer et une lutte d'artillerie s'engage dans laquelle les batteries françaises font bonne contenance ; mais nos fantassins sont arrêtés par la 18e brigade prussienne, qui occupe la Garenne et le bois de Verrières. Cependant, le 19e de marche de la division d'Hugues fait quelques progrès dans la direction du Petit-Bicêtre ; il commença même à pénétrer dans le bois de Verrières, bien qu'il fût accueilli sur sa gauche par une vive fusillade : c'était le feu des Bavarois, qui entraient en ligne à la droite du Ve corps prussien. Une brigade de la 3e division bavaroise avait, en effet, reçu l'ordre d'occuper Petit-Bicêtre ; l'autre brigade de la même division avait été dirigée sur le plateau de Sceaux par le pont d'Antony et la 4e division sur Antony.

C'est la brigade de gauche qui entra d'abord en ligne. Un bataillon en marche sur Igny s'était porté à droite

au bruit du canon ; en débouchant du bois de Verrières,
il rejette nos troupes sur le Pavé blanc.

A droite, la division Caussade n'obtint pas plus de
succès ; bientôt les zouaves, qui devaient l'appuyer,
effrayés par quelques obus, se mettent en débandade et
la division Caussade est elle-même ébranlée par cet
exemple. Le général Ducrot comprend qu'il n'y avait
rien à attendre de pareilles troupes et il donne l'ordre
de reprendre les positions occupées le matin. Il était à
peu près 7 heures et demie. D'après les instructions du
général en chef, les divisions d'Hugues et Caussade
devaient se retirer sur Fontenay-aux-Roses et sur Clamart, à droite et à gauche de la redoute de Châtillon.
Pour protéger cette retraite, le 15e de marche eut
l'ordre de résister à Plessis-Piquet le plus longtemps
possible et l'artillerie, au centre, dut continuer à lutter,
tout en se retirant par échelons ; mais, à ce moment,
d'importants renforts étaient arrivés sur le front de
combat des Allemands.

La 17e brigade était venue appuyer la 18e avec toute
l'artillerie de la division et, en même temps, la 6e brigade bavaroise était arrivée tout entière à Petit-Bicêtre
avec 3 batteries. Ces batteries s'établirent entre Petit-
Bicêtre et la Garenne pour canonner les Français en
retraite, tandis que l'infanterie allemande s'efforçait de
les suivre. Mais l'artillerie française soutenait la lutte
avec fermeté, occupant successivement quatre positions
avant d'arriver à hauteur de la redoute de Châtillon.
Le général Ducrot avait renoncé à toute offensive, mais
il voulait défendre énergiquement la position dont la
redoute occupait le centre ; toute l'artillerie dont on disposait fut divisée en deux groupes : 24 pièces près de

la redoute, y compris les 8 pièces qui y étaient établies depuis le matin ; 32 autres, dont 10 mitrailleuses, à gauche sur l'éperon du télégraphe. Une seule brigade de la division d'Hugues, établie du télégraphe à Fontenay-aux-Roses, soutenait cette artillerie, car l'autre s'était retirée en désordre sur Châtillon et sur Bagneux ; mais le général Ducrot comptait que la division de Maussion tiendrait Bagneux à gauche et, la division Caussade, Clamart à droite. Il espérait résister dans ces positions ; mais, en prévision d'une retraite possible, il avait donné ses instructions pour que le mouvement rétrograde s'exécutât avec ordre. Chacune des trois divisions du 14ᵉ corps devait venir se placer en arrière des trois forts d'Issy, Vanves et Montrouge ; mais les deux divisions des ailes avaient déjà quitté le terrain, la division Caussade sans aucun ordre et, la division de Maussion, par suite des instructions du général Appert, chef d'état-major, qui avait mal interprété les ordres du général en chef ; de sorte qu'une seule brigade de la division d'Hugues avec l'artillerie restait établie de la redoute à Fontenay pour résister aux Allemands, dont les forces augmentaient d'heure en heure.

A gauche, la 10ᵉ division prussienne avait débouché de Villacoublay avec l'artillerie de corps qui vint renforcer la ligne de batteries maintenant établies entre le Pavé blanc et Trivaux.

A droite, tout le gros du IIᵉ corps bavarois était entré en ligne en occupant Châtenay, Sceaux et Bourg-la-Reine. Cependant, le 15ᵉ de marche, établi depuis la veille à Plessis-Piquet, résistait énergiquement aux Allemands. Vers 1 heure, une première attaque d'infanterie est repoussée avec perte ; mais les Allemands

envoient une batterie pour en préparer une seconde.
Avec l'autorisation du général Ducrot, le régiment se
retire dans le meilleur ordre sur la redoute, où il arrive
à 3 heures.

Pendant ce temps, la lutte d'artillerie continuait vivement sur le plateau ; à gauche, nos batteries du télégraphe, placées dans une position avantageuse, luttaient
avec succès contre l'artillerie bavaroise ; à droite, nos
pièces, établies près de la redoute, ne font pas moins
bonne contenance et, vers 2 heures, toute l'artillerie
ennemie renonce à la lutte.

Cependant, le général Ducrot, ayant sa droite complètement dégarnie, pouvait craindre de se voir débordé
de ce côté et coupé de Paris ; mais, bien pénétré de l'importance de la position, il songea un instant à s'en-
fermer dans la redoute avec quelques centaines
d'hommes ; le manque d'eau seul l'engagea à se retirer.
Néanmoins, rien ne pressait, car le combat avait à peu
près cessé partout.

D'ailleurs, le général Ducrot espérait toujours voir
arriver le gouverneur avec des secours. Aussi, ce n'est
qu'à 4 heures qu'il fit commencer la retraite, qui s'exécuta sur le fort de Montrouge dans le meilleur ordre.
Les Bavarois vinrent occuper la redoute, où ils trouvèrent 8 pièces de 12 qu'on y avait laissées, faute d'avant-
train. Nos pertes, dans cette journée, furent de 723 tués
ou blessés, dont 32 officiers ; celles des Allemands de
403, dont 17 officiers.

Dès que la retraite des Français avait été nettement
accentuée, le commandant du Ve corps prussien, jugeant
que les Bavarois étaient en mesure d'occuper les posi-

Occupation
de la ligne
d'investissement.

tions qui leur avaient été assignées, s'était mis en marche sur Versailles, laissant seulement la 18e brigade avec deux escadrons et deux batteries à Villacoublay.

La 10e division atteignit Versailles à 3 heures et, traversant la ville, vint s'établir aux environs de Rocquencourt ; le gros de la 9e division occupa la sortie est de Versailles, ayant ses grand'gardes à Marnes, Ville-d'Avray et Sèvres ; elle fut ralliée dans la soirée par la 18e brigade, venant de Villacoublay. A droite du Ve corps, le IIe corps bavarois avait la 3e division entre la redoute de Châtillon et Plessis-Picquet, la brigade de uhlans à Fresnes-les-Rungis, la 4e division à Bourg-la-Reine, Fontenay et Chatenay. Ensuite venait le VIe corps prussien sur les deux rives de la Seine ; la 23e brigade, qui avait passé le fleuve à Villeneuve-Saint-Georges, s'était heurtée, en débouchant sur le plateau de Villejuif, aux troupes de la division Maud'huy et l'avait rejetée sur les forts ; elle s'établit entre Choisy-le-Roi et Villejuif. La 24e brigade était restée sur la rive droite et n'avait eu qu'une légère escarmouche avec la division d'Exéa ; quant à la 11e division, elle avait traversé la Seine et était venue occuper Olry derrière la 23e brigade. Pendant ce temps, le gros de la 2e division de cavalerie était resté à Saclay, appuyant seulement par quelques escadrons les mouvements du Ve corps.

Enfin, à la droite de la IIIe armée, la division wurtembergeoise bordait la rive gauche de la Marne ; elle avait une brigade entre Ormesson et Noisy-le-Grand, les deux autres à Malnoue et Lagny ; les Wurtembergeois reliaient la IIIe armée allemande à la IVe, qui s'étendait sur la rive droite de la Seine depuis la Marne jusqu'à Argenteuil.

Le XII⁰ corps s'était porté, le 19, des environs de Claye vers la forêt de Bondy, occupant par sa gauche Neuilly-sur-Marne.

La garde avait ses avant-postes le long de la rive gauche de la Morée, depuis la forêt de Bondy jusque vers Stains.

Enfin, le IV⁰ corps prussien s'étendait jusqu'au lac d'Enghien, ayant à sa droite la brigade uhlans de la garde qui, pendant la journée du 19, avait exploré toute la presqu'île d'Argenteuil.

Pendant ce temps, les 5⁰ et 6⁰ divisions de cavalerie qui, le 18, avaient passé l'Oise à Pontoise, s'étaient portées sur la basse Seine ; elles devaient, le jour suivant, traverser le fleuve à Triel et se porter sur Chevreuse de manière à donner la main à la III⁰ armée à l'ouest de Paris.

Plusieurs ponts furent établis sur la Marne et la Seine, de manière à relier les diverses fractions de l'armée allemande.

Ainsi, à la suite du combat de Châtillon, l'investissement était complet autour de Paris. Au nord, il était formé par les trois corps de l'armée de la Meuse ; au sud, par trois corps de la III⁰ armée, sauf une brigade du VI⁰ corps qui, établie vis-à-vis de Charenton, occupait le secteur compris entre la Seine et la Marne ; les Wurtembergeois, établis entre le VI⁰ corps et les Saxons, complétaient, à l'est, la fermeture du cercle. Mais ces forces allaient bientôt être renforcées par les corps d'abord laissés à Sedan et qui n'étaient plus qu'à quelques jours de marche de Paris.

Le 19 septembre, le XI⁰ corps prussien était à Château-Thierry, le I⁰ʳ corps bavarois à Coulommiers, la 4⁰ division de cavalerie avait une brigade à la Croix-en-Brie, une autre à Jouy-le-Châtel; quant à la 3ᵉ brigade de cette division, elle avait pris les devants et déjà passé la Seine à Melun, de manière à éclairer la direction d'Orléans.

Il est hors de doute que les forces françaises réunies à Paris n'étaient pas en mesure d'empêcher l'investissement; mais il n'est pas certain qu'en s'y prenant mieux on n'eût pu réussir à le retarder de deux ou trois jours.

On devait d'abord partir de cette idée que le seul moyen d'atteindre ce résultat était de défendre le passage de la Seine aux abords de Paris; et, par suite, il fallait réunir sur la rive gauche toutes les forces dont on disposait, en ne laissant sur la rive droite que le contingent fourni par la marine avec les bataillons de mobile les mieux organisés. Dès qu'on prenait le parti de s'en tenir de ce côté à une défense passive, il est certain que ces troupes, en se couvrant de tranchées, auraient été suffisantes pour occuper le terrain sous la protection des forts.

Dès lors, on pouvait rassembler les 13ᵉ et 14ᵉ corps sur la rive gauche et les établir le long de la Seine et de l'Orge, depuis Choisy-le-Roi jusqu'à Montlhéry.

Par ces seules dispositions, on obligeait les Allemands à passer la Seine plus haut et, par suite, ils ne pouvaient déboucher sur la rive gauche qu'au moins un jour plus tard. Il est vrai qu'en prenant la position que nous venons d'indiquer, on pouvait craindre d'être pris à revers par des corps allemands débouchant de la basse Seine et marchant sur Versailles; mais comme on dis-

posait de deux divisions de cavalerie, on pouvait les
établir en arrière de la droite de l'armée, de manière à
surveiller les passages de la basse Seine jusqu'à Saint-
Germain.

Dès que les Allemands auraient passé en force aux
environs de Corbeil, on se serait retiré en combattant,
de manière à venir occuper d'abord la ligne Choisy-le-
Roi—Palaiseau pour venir s'établir ensuite, une seule
division sur le plateau de Villejuif et les cinq autres
sur celui de Châtillon. Et si seulement, dans ces derniers jours, on eût pris le parti de mettre en état de
défense ces positions par des travaux rapides de fortification passagère, il nous paraît probable que l'ennemi,
n'ayant pas de pièces de gros calibre à sa disposition,
n'aurait pas réussi à nous les enlever.

Rien n'aurait d'ailleurs empêché, une fois la retraite
de l'armée sur la capitale décidée, de renvoyer la division de cavalerie Reyau sur la Loire, comme cela a eu
lieu. Le mieux eût même été d'éloigner les deux divisions de cavalerie formées à Paris, car une fois l'investissement effectué, on ne devait pas attendre de
cette arme de sérieux services ; pour les soutenir, on
aurait pu réunir, dans les forêts de Dourdan et de
Rambouillet, un certain nombre de compagnies de
francs-tireurs qui les aurait accompagnées dans leur
mouvement sur l'Eure ou le Loir ; il eût même été bon
de les faire appuyer par un certain nombre des
bataillons de mobiles qui avaient été appelés à Paris.
Il est vrai que l'on pouvait objecter que ce n'était pas
la peine d'avoir fait venir ces bataillons de la province
pour les y renvoyer quelques jours plus tard. Mais,
justement, en attirant ces bataillons mal organisés et

sans instruction, on avait commis une grosse erreur, qu'il était encore temps de réparer le 18 septembre, si l'on avait été capable de la reconnaitre. Or tout le monde devait bien convenir que ces troupes étaient absolument incapables de combattre pour empêcher ou même retarder l'investissement; tout au plus pouvaient-elles être employées derrière des ouvrages de fortification.

Mais ce que personne ne prévoyait, c'est que si, à force d'activité et de dévouement, on parvenait, au bout de six semaines ou deux mois, à leur faire acquérir quelque valeur, le jour où l'on voudrait les conduire à l'attaque de la ligne d'investissement, elles viendraient s'y briser sans aucune chance de la rompre.

Et, cependant, on ne pouvait pas avoir d'autre tâche à leur assigner, après les avoir organisées et instruites: dès lors, n'est-il pas évident qu'il eût été cent fois préférable de les former n'importe où, sauf à Paris.

Puisque, plus tard, on ne devait pas avoir d'autre but que de les faire sortir, n'était-il pas plus simple de les mettre tout de suite dehors. Mais nous subissions encore. dans cette circonstance, l'influence funeste des idées fausses sur le rôle de la fortification qui, en 1870, hantaient l'esprit de nos chefs. et que les événements de Metz n'avaient pas suffi à dissiper.

On pensait, au contraire, que Bazaine, occupant cette grande place forte, s'y trouvait dans les meilleures conditions pour lutter contre l'invasion, et l'on était d'ailleurs si bien convaincu qu'il n'avait qu'à le vouloir pour sortir de la place, que le jour où l'on apprit que, faute de vivres, il avait dû poser les armes, on devait le désigner au monde entier comme le plus infâme des traîtres. Mais, au milieu de septembre, on le considérait encore comme un glorieux soldat ; on croyait toujours à la puissance des camps retranchés, et, au lieu de ne voir dans les fortifications de Paris qu'un moyen d'en interdire l'accès aux Allemands, on prétendait en faire un pivot stratégique, étant convaincu que l'investissement ne pouvait être assez solide pour ne pas être rompu par une attaque habilement préparée et vigoureusement conduite. Mais ce qui est à la fois curieux et lamentable, et ce qui montre à quel point nos chefs étaient peu capables de diriger de grandes opérations militaires, c'est que, tandis que l'on demandait à la fortification permanente un rôle qu'elle ne pouvait pas remplir, à l'inverse, on ne songeait d'aucune manière à faire usage de la fortification passagère. Ces deux erreurs ont eu les plus fâcheuses conséquences; car si, au sud de Paris, on avait eu l'idée d'organiser la défense en utilisant les ressources de la fortification improvisée, on eût conservé les hauteurs de Châtillon et probablement aussi celles de Montretout et, par suite, forcé les Allemands à élargir leur ligne d'investissement d'une manière sensible.

Et si, en même temps, on avait repoussé l'idée de faire de Paris un pivot stratégique en se contentant d'y voir seulement une grande place forte, on aurait éloigné de Paris la moitié des bataillons de mobiles qui y avaient été attirés.

Ces bataillons, réunis entre Dourdan et Rambouillet, tandis que les 13e et 14e corps étaient établis sur l'Orge, auraient ensuite marché sur Chartres avec les deux divisions de cavalerie pendant que les troupes de ligne se repliaient sur la capitale.

En portant ensuite ces troupes par Châteaudun sur

Orléans, et les réunissant à celles qui se formaient sur la Loire, on aurait eu, vers le milieu d'octobre, plus de 80,000 hommes de troupes passables en avant d'Orléans, et, de tous les moyens d'inquiéter la ligne d'investissement, celui-là était sans contredit le meilleur.

On ne saurait trop insister sur les conséquences fatales d'un mauvais emploi de la fortification. Autant elle offre de précieuses ressources aux armées qui savent s'en servir, autant elle présente de dangers à celles qui y recherchent des propriétés qu'elle ne possède pas.

A notre avis, la plus grande faute commise pendant les quinze jours qui ont précédé l'investissement, a été cette réunion à Paris d'une grande quantité de troupes qui ne devaient y rendre aucun service, et d'autant moins qu'en même temps on commettait une autre faute qui avait pour résultat de rétrécir le cercle de leurs futures opérations. Ces deux fautes sont d'autant plus difficiles à justifier que, quoique commises simultanément, elles étaient contradictoires; mais ce sont, en réalité, les seules graves de cette période ; car, quant à l'investissement lui-même, il ne provenait pas de nouvelles erreurs, tout au plus pouvait-on le retarder de 2 ou 3 jours; mais l'anéantissement de l'armée de Châlons l'avait rendu inévitable, et l'on doit le considérer comme une conséquence forcée de la catastrophe de Sedan.

II

LE PLAN DE SORTIE

II

LE PLAN DE SORTIE

A la suite du combat de Châtillon, une véritable panique se répandit dans Paris, à laquelle les membres du Gouvernement ne surent pas complètement échapper. On craignait l'attaque immédiate des Allemands contre les forts et contre l'enceinte ; le gouverneur lui-même partageait en partie ces appréhensions ; il renonça à défendre les positions avancées et prit la résolution de s'établir à hauteur des anciens forts permanents. Tous les ouvrages commencés furent abandonnés et l'on fit sauter les ponts de Billancourt, Sèvres, Saint-Cloud, Asnières, Clichy et Saint-Ouen ; le pont de Neuilly, ainsi que le pont du chemin de fer d'Asnières, seuls furent conservés pour communiquer avec le mont Valérien.

Au 13e corps, la division Maud'huy évacue le plateau de Villejuif et se replie sous le canon des forts de Bicêtre et d'Ivry, abandonnant les ouvrages des Hautes-Bruyères et du moulin Saquet. La division Blanchard, qui avait été mise en mouvement dès le 19, vient s'établir le 20 en arrière des forts de Montrouge et de

Les Français se replient sur les anciens forts.

Vanves ; la division d'Exéa reste ainsi seule sur le plateau de Vincennes et prend toutes les dispositions
nécessaires pour en défendre les abords, depuis le pont
de Charenton jusqu'au village de Nogent-sur-Marne ; le
général d'Exéa eut, outre sa division, les deux brigades
de cavalerie Cousin (1) et de Bernis à sa disposition à
partir du 21 septembre ; deux jours plus tard, le régiment de mobiles du Tarn, fort de 3,600 hommes, lui fut
envoyé pour occuper à gauche de la division le terrain
compris entre les forts de Nogent et de Rosny.

Un quatrième bataillon de mobiles vint encore, un peu
plus tard, renforcer la position.

Quant au 14ᵉ corps, il fut d'abord réuni, dans la
matinée du 20, au Champ de Mars et dans les avenues
avoisinantes ; mais le général Ducrot reçut l'ordre de
l'établir sur la rive droite de la Seine, entre Billancourt
et Saint-Denis ; le gouverneur redoutait, de ce côté, une
attaque de vive force des Allemands ; la situation semblait d'autant plus critique que les mobiles de la Seine,
qui occupaient le mont Valérien, avaient lâchement
abandonné cette forteresse. Heureusement le général
Le Flô, Ministre de la Guerre, informé de cet acte
odieux, envoya deux bataillons de mobiles de la Loire-
Inférieure pour le réoccuper, ce qui fut exécuté sans
difficulté. Rassuré de ce côté, le général Ducrot établit
le 14ᵉ corps sur les positions qui lui avaient été indiquées ; plusieurs bataillons de mobiles lui sont envoyés
pour le renforcer ; le jour même, le général Ducrot
prescrit la construction de travaux défensifs au débouché

_____

(1) La brigade Cousin appartenait à la division Champéron.

du pont du chemin de fer d'Asnières et, le lendemain matin, débouchant de Neuilly, il fait occuper le rond-point de Courbevoie par un régiment de marche et fait reconnaître la plaine de Gennevilliers par les éclaireurs Franchetti, qui constatent que les Allemands n'y ont pas pénétré.

Nos adversaires, en effet, n'avaient jamais eu l'idée de prendre Paris par une attaque de vive force. Satis-faits d'avoir cerné la capitale presque sans difficultés, ils ne songeaient pour le moment qu'à organiser soli-dement leur ligne d'investissement.

Les Allemands n'ont pas l'intention d'attaquer de vive force.

Aussi, les défenseurs purent-ils se remettre de la panique qui avait envahi presque toutes les têtes à la suite de l'échec du 19 ; bientôt même, en présence de l'inaction de l'ennemi, on reprit courage et l'on s'efforça de profiter de toutes les occasions favorables pour rega-gner du terrain dans toutes les directions.

Ayant été avisé que les Allemands ne paraissaient pas solidement établis sur le plateau de Villejuif, le gouver-neur prescrivit aux divisions Maud'huy et Blanchard de sortir de Paris et d'essayer de reprendre les positions abandonnées le 20. Dès le 22 au soir, la division Mau-d'huy débouche en avant du fort de Bicêtre ; une brigade se dirige sur Villejuif et les Hautes-Bruyères, l'autre sur Vitry et le moulin Saquet. Cette dernière occupe ces positions sans coup férir ; l'autre entre de même dans Villejuif, mais échoue devant les Hautes-Bruyères.

Réoccupation du plateau de Villejuif.

Ces troupes avaient devant elles la principale partie du VIᵉ corps prussien ; mais le commandant de ce corps d'armée avait jugé que le plateau de Villejuif était trop rapproché des forts pour que l'on pût songer à s'y établir, et il avait même pris le parti de raser les ouvrages des Hautes-Bruyères et du moulin Saquet, commencés par les Français.

C'est ce qui explique comment la division Maud'huy trouva si peu de résistance devant elle le soir du 22 septembre. Cependant, l'ennemi ne voulait pas non plus laisser les Français s'établir sur ces positions, et, dans la nuit même, il porta un régiment sur Villejuif et le moulin Saquet. Mais ces troupes furent accueillies par une fusillade qui les força à reculer; et le 23, à la pointe du jour, les Français, reprenant leur mouvement en avant, parvinrent même à occuper les Hautes-Bruyères. Un peu plus tard, une nouvelle tentative, exécutée pour reprendre cette position, échoua comme la précédente, et les Allemands se retirèrent en laissant tout le plateau de Villejuif en notre possession.

Le même jour, la division Blanchard venait occuper sans difficultés les positions couvertes par les forts de Montrouge, de Vanves et d'Issy.

Plusieurs bataillons de mobiles furent envoyés à ces deux divisions du 13e corps pour les renforcer. Ainsi, tandis qu'on avait cru les Allemands aux portes de l'enceinte, on parvint sur plusieurs points à reprendre les positions abandonnées. Partout on travaillait sans relâche pour s'y installer solidement.

Tentative infructueuse sur la Malmaison (30 septembre). Le général Ducrot voulait profiter de toutes les occasions pour élever le moral de ses jeunes troupes; le 29, ayant appris, par les reconnaissances du commandant Franchetti, que l'ennemi paraissait faiblement occuper la Malmaison, il résolut d'attaquer cette position le lendemain. Après avoir pris ses dispositions préparatoires le soir même, le général Ducrot dirigea sur le parc une colonne d'environ deux bataillons munis de pétards et d'outils pour faire sauter les murs.

Plusieurs autres colonnes, tirées des trois divisions du 14e corps se mettent en mouvement à 3 heures et demie pour soutenir la première. Celle-ci approchait de la position à enlever lorsque, au bruit d'un coup de feu tiré par un des nôtres, la panique prend nos soldats qui s'enfuient en jetant leurs outils. Fixé sur ce qu'il pourrait attendre de ses troupes, le général Ducrot arrête leurs mouvements et les fait rentrer dans leur campement.

Le même jour, le général Vinoy dirigeait une opération plus importante en avant du plateau de Villejuif. **Combat de Chevilly (30 septembre).** Dès le 28, le commandement du 13e corps, ayant eu avis que l'ennemi n'avait que peu de forces à Choisy-le-Roi, avait projeté de se porter sur ce village dans le but de détruire le pont dont les Allemands se servaient pour communiquer d'une rive à l'autre de la Seine. Il se proposait de mettre son projet à exécution le 29 ; mais le gouverneur, prévenu, crut devoir donner à l'opération une plus grande extension et, pour mieux la préparer, il décida qu'elle n'aurait lieu que le 30.

Le 13e corps tout entier, renforcé de plusieurs bataillons de mobiles, devait y concourir ; l'objectif principal était les villages de l'Hay, Chevilly et Thiais, situés tous les trois en avant du plateau de Villejuif. Quatre colonnes devaient aborder simultanément ces positions : à droite, la brigade Dumoulin, de la division Maud'huy, devait déboucher des Hautes-Bruyères et marcher sur

l'Hay ; au centre, la brigade Guilhem, de la division
Blanchard, qui comprenait les deux régiments de ligne
35 et 42, doit attaquer Chevilly et la Belle-Épine ; à
gauche, la brigade Blaise, de la division Maud'huy, doit
se porter sur Thiais et Choisy-le-Roi. Plusieurs batteries
appuient ces trois colonnes. La brigade Daudel, de la
division d'Exéa, réunie en avant de Villejuif, doit leur
servir de réserve avec un régiment de cavalerie. En
même temps, la brigade Susbielle, de la division Blanchard, doit exécuter une démonstration sur Clamart pour
protéger le flanc droit de l'attaque principale, et la brigade Mattat, de la division d'Exéa, avec la cavalerie de
Bernis, doit opérer sur Créteil de manière à maintenir
l'ennemi sur la rive droite de la Seine.

A la pointe du jour, toutes les bouches à feu des forts
ouvrent le feu pour préparer le mouvement de nos
fantassins. Au bout d'une demi-heure de canonnade,
montre en main, conformément aux prescriptions du gouverneur, nos troupes débouchent du plateau de Villejuif
et se portent sur les objectifs qui leur étaient indiqués,
appuyées par leurs batteries mobiles. Au centre, la brigade Guilhem, vigoureusement conduite par son général, avance vivement ; le 42ᵉ s'empare facilement de la
ferme de la Saussaie et, malgré une fusillade bien
nourrie, le 35ᵉ occupe les premières maisons de Chevilly. A gauche, la brigade Blaise approche de Choisy-
le-Roy et de Thiais, s'empare d'une batterie allemande ;
mais, arrêtée par la fusillade, ne peut entrer dans ces
deux villages. A droite, la brigade Dumoulin est de
même arrêtée par les défenseurs de l'Hay. Nos troupes
avaient devant elles le VIᵉ corps prussien ; la 23ᵉ brigade occupait Thiais et Choisy ; la 24ᵉ, Chevilly et l'Hay.

La 11e division est en réserve avec l'artillerie de corps.
Plusieurs batteries s'établissent à la Belle-Épine, de
manière à battre tout le terrain entre Chevilly et Thiais.

Cependant, la brigade Guilhem lutte énergiquement
à Chevilly ; le général, se mettant à la tête du 42e, s'ef-
force de pénétrer dans ce village par la gauche ; mais
l'élan de ses troupes vient se briser contre les murs
crénelés occupés par l'ennemi et lui-même tombe mor-
tellement blessé. Nos pertes étaient partout très nombreuses et le général Vinoy, comprenant que ses
troupes n'étaient pas en mesure de briser la résistance
de l'ennemi, ordonna la retraite ; il était à peu près
8 heures et demie.

Nos colonnes se retirèrent sur leurs positions du
matin en bon ordre, soutenues par le feu des forts qui
suffit à arrêter la poursuite de l'ennemi.

Pendant ce temps, la brigade Susbielle, à droite, avait
exécuté la démonstration prescrite sur Clamart et Bellevue. Elle avait réussi à enlever le premier de ces
points aux Prussiens et à s'y maintenir contre des forces
supérieures ; elle put ensuite opérer sa retraite sans
difficultés. A gauche, le général d'Exéa avait également
débouché, à la pointe du jour, de Charenton et s'était
avancé sur Créteil et le carrefour Pompadour.

Il s'était emparé facilement de la ferme de Notre-
Dame-des-Mèches.

Il avait devant lui le XIe corps prussien, qui était
arrivé sous Paris depuis le 23. Nos troupes se mainte-
naient avec succès sur les positions qu'elles venaient
d'occuper, lorsque le général d'Exéa, n'entendant plus
le canon de la rive gauche, donna l'ordre de la retraite.
En somme, l'opération était complètement manquée ;

nous avions à regretter des pertes considérables ; outre le général Guilhem, plus de 2,000 hommes étaient hors de combat, dont 300 tués, tandis que l'ennemi, combattant à couvert, n'avait pas plus de 450 tués ou blessés. Ce combat suffit à montrer ce que nous avions à attendre de toutes les attaques dirigées contre les positions fortifiées de l'ennemi. Celui-ci, depuis le 20, n'avait cessé d'organiser ses défenses et, partout, il avait des forces nombreuses pour les rendre inattaquables.

Arrivée du XIe corps prussien et du Ier bavarois.

L'arrivée du XIe corps lui avait permis de réunir le VIe tout entier sur la rive gauche, tandis que le nouveau venu s'était établi sur la rive droite, à la gauche des Wurtembergeois.

En même temps que ce corps, le Ier bavarois était arrivé sur le théâtre des opérations ; mais il avait reçu pour mission d'appuyer les divisions de cavalerie chargées de protéger les derrières de la ligne d'investissement.

Enfin, par l'arrivée de la 4e division, la cavalerie allemande, qui occupait la rive gauche de la Seine comprenait 4 divisions pour surveiller la région au sud et à l'ouest de la capitale.

La 5e était établie entre Poissy et le chemin de fer de Paris à Dreux ; la 6e, vers Chevreuse ; la 2e, près de l'embouchure de l'Orge ; la 4e s'était avancée jusqu'à Pithiviers pour éclairer dans la direction d'Orléans. Le rôle de ces divisions était de réquisitionner le pays et d'observer les routes qui convergent vers Paris.

Sur beaucoup de points, elles se heurtaient à des partis parfois assez nombreux pour les arrêter. Aussi le 1er bavarois, arrivé le 21 à Longjumeau, dut-il détacher dans toutes les directions des bataillons pour appuyer la cavalerie.

Au nord de la ligne d'investissement, le soin de protéger les derrières était dévolu à la cavalerie saxonne et à la cavalerie de la garde.

Dès le 26 septembre, la première était venue occuper Creil et s'était étendue, le jour suivant, jusqu'à Clermont et Beauvais, tandis que la seconde, établie vers Beaumont, poussait des reconnaissances jusque sur l'Epte. De ce côté également, on se trouvait en contact avec des partis français et l'on avait dû faire appuyer la cavalerie par quelques bataillons du IVe corps ; mais bientôt les forces allemandes allaient encore être renforcées par de nouvelles troupes, que les capitulations de Toul et de Strasbourg rendaient disponibles.

Toul se trouvait sur la ligne ferrée la plus directe, conduisant de la frontière à Paris ; les Allemands avaient donc le plus grand intérêt à s'en emparer et ils devaient y réussir sans grand effort, car les fortifications de cette place n'étaient nullement en rapport avec les progrès de l'artillerie. Dès le mois d'août, une brigade bavaroise en marche de la Moselle sur la Meuse avait fait, mais sans succès, une tentative contre cette place.

Si imparfaites que fussent les fortifications, elles étaient suffisantes pour résister à des troupes de campagne et les Allemands durent se contenter, provisoirement, de l'observer. Quand, après le désastre de Sedan et la bataille de Noisseville, l'investissement de Metz fut mieux assuré, la principale partie du XIIIe corps fut envoyée sur Toul. Ce corps comprenait la 17e division

Capitulation
de Toul.

8

prussienne et la 2e division de réserve, ainsi que la 17e brigade de cavalerie. Il était placé sous les ordres du duc de Mecklembourg, qui arriva sous Metz le 2 septembre.

Quelques jours plus tard, la 17e division, avec la 17e brigade de cavalerie et plusieurs batteries, furent dirigées sur Toul, où elles arrivèrent les 12 et 13 septembre, tandis que la 2e division de réserve fut chargée de protéger les communications avec Paris. Bientôt la 17e division ne parut pas tout entière nécessaire pour l'attaque de Toul, qui était dominé de tous côtés et défendu par une faible garnison, et la 33e brigade, avec un régiment de cavalerie et 3 batteries, fut portée sur Reims. La 34e brigade, avec un régiment de dragons et 4 batteries de campagne, restèrent seulement autour de la place. Avec l'artillerie de siège, qui comprenait 62 pièces de gros calibre, dont une partie de pièces françaises, ces forces suffirent à amener rapidement la reddition de la place : le bombardement commença le 23 septembre au matin et produisit plusieurs incendies ; à 3 heures, le drapeau blanc fut hissé et, le lendemain, le grand-duc de Mecklembourg fit son entrée dans la place. 109 officiers, 2,240 hommes, 71 bouches à feu de place, 2,800 sabres, 220 chevaux, 143,000 rations de vivres et 50,000 rations de fourrages tombèrent entre les mains des Allemands.

Dès le 26, les troupes allemandes qui avaient fait le siège furent acheminées sur Châlons, ne laissant qu'un seul bataillon pour former la garnison de la ville conquise ; bientôt la 17e division tout entière fut dirigée sur Paris, tandis que la 2e division de landwehr resta chargée d'assurer les communications.

La chute de Strasbourg suivit rapidement celle de
Toul.

Capitulation
de Strasbourg.

Par sa situation, cette place ne gênait d'aucune manière les progrès de l'invasion allemande et, au point
de vue de leurs communications avec Paris, ils n'avaient
pas besoin de s'en emparer. Toutefois, la possession de
cette place élargissait leur base d'opérations et leur
assurait la possession de l'Alsace.

Aussi, dès leurs premiers succès, les Allemands
avaient résolu de l'attaquer; le corps de siège fut com-
posé de 3 divisions : la division badoise à 3 brigades,
la division de landwehr de la garde et la 1re division
de réserve comprenant ensemble 46 bataillons, 24 escadrons et 18 batteries de campagne, le tout formant un
effectif de 40,000 hommes environ sous les ordres du
général de Werder.

La place, que l'on considérait cependant comme un
des boulevards de la France sur la frontière du Rhin,
n'était nullement en mesure de résister à la nouvelle
artillerie.

La garnison comprenait 23,000 hommes, la plupart
de qualité médiocre. L'investissement fut exécuté sans
beaucoup de difficultés et, dès le 30 août, 88 bouches
à feu de gros calibre étaient en mesure d'engager la
lutte contre l'artillerie de la place, sans compter 36 bouches à feu qui, de la rive droite, pouvaient agir contre
la citadelle.

Malgré quelques sorties, les travaux purent être conduits très rapidement et, dès le milieu de septembre,
l'artillerie de siège de la rive gauche, portée à 96 ca-
nons rayés et 38 mortiers, avait pris une supériorité
décidée sur celle de la place. Le 24 septembre, les Alle-

mands occupèrent deux lunettes situées en avant du
front d'attaque. En même temps, le bombardement avait
produit d'énormes dégâts dans la ville et la population
se prononçait vivement pour la reddition de la place.

Le général Ulhrich, qui dirigeait la défense, résista
d'abord énergiquement ; mais, dès qu'il eut constaté
que les Allemands avaient réussi à faire des brèches
praticables au corps de la place, il crut devoir arrêter la
résistance. Le 27 septembre, à 5 heures du soir, le drapeau blanc fut hissé sur la cathédrale et les Allemands
entrèrent le lendemain dans la place, où ils prirent, en
dehors de la garnison, 1200 bouches à feu et une quantité considérable d'approvisionnements en vivres et en
munitions. Les troupes allemandes, qui avaient formé
le corps de siège, reçurent des destinations diverses.
La 1re division de réserve comprenait des troupes de
landwehr et une brigade de ligne.

Les premières furent d'abord laissées à Strasbourg, la
brigade de ligne fut réunie à la division badoise pour
former le XIVe corps, qui fut acheminé, à travers les
Vosges, sur la haute Seine ; quant à la division de landwehr de la garde, elle fut dirigée sur Paris par voie
ferrée.

Ainsi, à la suite de la prise de Toul et de celle de
Strasbourg, les Allemands purent renforcer de deux divisions les troupes chargées d'investir la capitale et, en
même temps, protéger d'une manière plus efficace leurs
communications avec la frontière ; car c'était là le vrai
rôle du XIVe corps vers le Sud comme c'était celui de
la 2e division de réserve sur la Marne et sur l'Aisne.
D'un côté comme de l'autre, ces renforts ne devaient

Renforts
pour protéger
l'investissement
et les
communications.

pas être inutiles à nos adversaires, car de toutes parts, sur le territoire français, surgissaient de nombreux francs-tireurs redoutables pour les communications de l'envahisseur et bientôt allaient se montrer aussi de nouvelles armées françaises, soit dans les Vosges, soit dans toute la région qui avoisine Paris.

Au moment de la chute de Strasbourg, la grande place de Metz résistait encore avec l'armée qui s'était laissé renfermer sous ses murs, et elle devait encore tenir un mois.

La situation à Metz.

Depuis la bataille de Noisseville, son chef, le maréchal Bazaine, semblait résigné à ne jouer qu'un rôle militaire secondaire et à attendre les événements du dehors jusqu'au jour où le manque de vivres le forcerait à poser les armes.

Convaincu qu'il n'avait aucune chance de réussir à se faire jour et à gagner le cœur de la France, il était en même temps fort porté à croire qu'il resterait debout plus longtemps que le reste du pays ; car il était loin de croire qu'avec des armées improvisées on pourrait encore soutenir la lutte pendant près de cinq mois. Aussi, prévoyant que de grosses difficultés se présenteraient à l'intérieur après la conclusion de la paix, il songeait surtout à réserver son armée pour l'employer plus tard à maintenir l'ordre.

Cependant, il ne voulait pas rester complètement inactif. Pendant la dernière quinzaine du mois de septembre, il fit exécuter plusieurs sorties qui avaient surtout pour but d'enlever les approvisionnements qui se trouvaient dans les villages environnants.

Le 22, diverses fractions du 3e corps s'avancèrent,

d'un côté, sur Villers-l'Orme, et l'autre, sur Mercy-le-Haut, et parvinrent à ramener un certain nombre de voitures chargées de céréales.

Une tentative du même genre, exécutée le lendemain sur Vany et Chieulles, eut moins de succès ; les voitures furent obligées de rétrograder à vide.

Le 27 septembre, une opération plus importante avait lieu dans la direction de Peltre : 2 brigades y participèrent et parvinrent à occuper Peltre et Mercy-le-Haut. Sous leur protection, on put enlever les vivres et les fourrages qui s'y trouvaient. En même temps, des troupes du 6e corps s'étaient avancées sur les Maxes et à travers les bois de Woippy, sur la rive gauche de la Moselle, et avaient pu s'emparer des approvisionnements existant dans plusieurs fermes voisines. A la suite de ces diverses sorties, en partie couronnées de succès, le prince Frédéric-Charles prescrivit d'enlever les chevaux et les denrées de toutes les localités situées dans l'étendue ou à portée des avant-postes allemands.

C'est vers cette époque qu'un nommé Régnier se présenta à Ferrières comme chargé d'entrer en pourparlers au nom de la Cour impériale. Il fut autorisé par les Allemands à entrer à Metz et parvint à décider le maréchal Bazaine à envoyer le général Bourbaki auprès de l'Impératrice. Ce général sortit de la place avec l'assentiment des Allemands et se rendit en Angleterre, où l'Impératrice lui déclara qu'elle ne connaissait pas le sieur Régnier, et que, d'ailleurs, elle se refusait à entamer des négociations.

En même temps, Bazaine répondait à des propositions. qui lui avaient été adressées de Ferrières, qu'il ne consentirait à capituler qu'à la condition de pouvoir se retirer librement avec son armée.

Naturellement, les Allemands trouvèrent ces conditions inacceptables ; la situation des armées en présence à Metz devait donc se prolonger jusqu'à ce que l'armée française n'eût plus de vivres, c'est-à-dire jusqu'à la fin du mois d'octobre.

Dans la nuit du 1er au 2 octobre, des fractions du 6e corps étaient parvenues à s'emparer du château de Ladonchamps, près de la route de Thionville, et réussirent à s'y maintenir en se fortifiant les jours suivants.

Le 7, Bazaine prescrivit une sortie ayant pour but d'enlever les ressources qui se trouvaient encore dans les fermes occupées par les Allemands au nord de cette position.

Le 6e corps y concourut, directement soutenu par la division de voltigeurs de la garde, et appuyé à gauche par le 4e corps, tandis qu'en même temps le 3e avait l'ordre de s'avancer sur Malroy par la rive droite de la Moselle. Les troupes de la garde parvinrent d'abord à s'emparer des Grandes et des Petites-Trappes, et, à leur gauche, les Prussiens durent abandonner Saint-Remy et Bellevue ; mais les progrès des Français furent rapidement arrêtés par le feu des grosses pièces que les Allemands avaient établies à Sémicourt.

Bientôt même, l'arrivée des renforts allemands les obligea à battre en retraite. L'ennemi parvint à reprendre le terrain perdu ; mais voulant, de plus, s'emparer du château de Ladonchamps, il fut complètement repoussé par les troupes françaises qui l'occupaient.

En somme, l'opération avait échoué, et les Français n'avaient pu enlever qu'une quantité d'approvisionnements insignifiante. Toutefois, l'armée du Rhin n'avait perdu que 1200 hommes et 65 officiers, tandis que les pertes des Allemands s'élevaient à 1700 hommes et 75 officiers. Cette sortie du 7 octobre devait être le dernier effort sérieux de l'armée de Metz.

Dès le 8, le maréchal Bazaine avait fait connaître qu'il ne disposait plus que de 12 jours de vivres, et bientôt il envoya à Versailles le général Boyer pour entrer en pourparlers avec le roi de Prusse. Il réclamait toujours la faculté de sortir librement de Metz avec son armée ; dans ces conditions, le roi crut inutile de continuer les négociations.

Bientôt, les Allemands captivèrent autour de la place de nombreux maraudeurs à la recherche de pommes de terre et purent facilement se convaincre, par leurs dépositions, que le terme de la résistance de l'armée française approchait. Aussi, dès le 23 octobre, le grand quartier général, qui était tenu au courant de la situation, s'occupait de régler l'emploi ultérieur de l'armée de blocus, et il prescrivait de ne pas attendre la capitulation pour diriger sur Paris la 4e division d'infanterie par voie ferrée. Huit jours plus tard, toute l'armée aux ordres du prince Frédéric-Charles devait être libre de se porter au cœur de la France.

Toutefois, ces forces, comprenant 200,000 hommes, ne devaient faire sentir leur action dans la région qui avoisine Paris que dans la dernière partie du mois de novembre. La 17e division, qui venait de Toul, et la division de landwehr de la garde, employée au corps de siège de Strasbourg, ne devaient elles-mêmes atteindre les abords de la capitale française que vers le milieu du mois d'octobre. Au commencement de ce mois, les

Allemands ne disposaient donc, pour assurer la ligne d'investissement et protéger ses derrières, que des seules forces qui avaient combattu à Sedan. Ils n'avaient, d'ailleurs, pas encore d'artillerie de siège. Aussi, loin de songer à attaquer de suite Paris, étaient-ils résolus de se contenter, pour le moment, de maintenir rigoureusement le blocus en tenant en respect les partis français qui commençaient à se montrer sur la Loire, sur l'Eure et en avant de la Somme.

A l'intérieur de Paris, le général Ducrot avait sainement apprécié les intentions des Allemands.

Plan de sortie du général Ducrot.

Dès les premiers jours du mois d'octobre, il était tout à fait convaincu que nos ennemis n'avaient aucunement l'intention de commencer le siège en règle de Paris, et qu'ils se proposaient seulement d'assurer le blocus de la capitale et de la prendre par la famine.

Dès lors, il n'eut pour but que d'arriver à briser la ligne d'investissement, et il déploya pour l'atteindre toute l'activité dont il était capable. Plusieurs questions également importantes étaient à résoudre pour réussir dans une pareille opération.

D'abord, déterminer le point le plus favorable à l'attaque de l'armée bloquée ; ensuite, organiser une armée assez solide pour aborder les positions occupées par l'ennemi ; enfin, s'assurer le concours de la province, car le général Ducrot savait, par l'étude de l'histoire, combien il est difficile, sinon impossible, à une armée bloquée de rompre à elle seule le cercle qui l'entoure, et que, pour réussir dans une pareille entreprise, il est nécessaire d'avoir l'appui d'une armée extérieure.

Le général Ducrot se mit immédiatement à l'œuvre

pour étudier à ces divers points de vue le problème
qu'il avait à résoudre. Pour déterminer le point d'attaque, il fallait se laisser guider par deux sortes de considérations ; d'une part, il était à désirer que l'ennemi
ne fût pas trop solidement établi sur les positions que
l'on aborderait, et en même temps on devait rechercher
les moyens de le surprendre ; mais, d'un autre côté, il
fallait se demander ce que l'on ferait après un premier
succès et quelle direction on suivrait après avoir réussi
à briser la ligne d'investissement.

En se mettant au premier point de vue, le général
Ducrot, après avoir reconnu et étudié toutes les positions que l'ennemi occupait autour de Paris, avait été
amené à penser que les lignes ennemies n'étaient abor-
dables que sur trois points : par la zone comprise entre
la Marne et la Seine, par la plaine Saint-Denis et par
la presqu'île de Gennevilliers.

La plaine de Saint-Denis présentait un champ de
bataille sur lequel il était facile de se déployer rapidement en forces considérables ; on n'avait pas de débouchés aussi faciles pour se présenter sur les deux autres
champs de bataille, car il fallait traverser, d'un côté, la
Marne en avant de Vincennes et du plateau de Romainville, de l'autre, la Seine aux environs d'Argenteuil ;
mais, sur l'un comme sur l'autre point, on pouvait espérer surprendre l'ennemi en dissimulant tous les préparatifs et en jetant rapidement de nombreux ponts.

Ces trois directions, que nous venons d'indiquer, présentaient donc chacune des avantages pour attaquer les
lignes allemandes. Mais il n'en était pas de même au
point de vue de la suite des opérations.

En s'ouvrant un passage entre la Seine et la Marne,

on se trouverait, les jours suivants, au milieu des
armées allemandes, auxquelles il serait bien difficile
d'échapper, même avec le concours de la province, et
l'on risquait de perdre tout le fruit d'un premier succès
en se faisant anéantir.

Il en était à peu près de même en voulant s'éloigner
de Paris par la plaine Saint-Denis. La sortie par Argenteuil, au contraire, si elle réussissait, pouvait permettre d'échapper définitivement aux Allemands; la
conséquence immédiate d'une première victoire était de
conduire l'armée de sortie sur Pontoise; on y passait
l'Oise et l'on s'en couvrait; et si, en même temps, on
eût obtenu de la délégation du Gouvernement en province de réunir sur Rouen toutes les forces capables de
tenir la campagne, rien n'aurait empêché les deux armées françaises de faire leur jonction. Trois jours après
le passage de l'Oise elles pouvaient se trouver réunies
sur l'Andelle, couvrant Rouen et ayant leur retraite
assurée sur le Havre. C'eût été un succès important
qui, sans doute, en aurait amené d'autres à bref
délai. Ces considérations amenèrent le général Ducrot à
choisir cette dernière direction.

Après avoir arrêté ses idées à ce sujet, le général
Ducrot les exposa au Gouverneur de Paris, qui lui donna
son *entière* approbation. Sachant combien le succès de
son entreprise dépendait du concours de la province,
le général aurait voulu laisser à d'autres l'exécution du
plan de sortie qu'il avait conçu et partir en ballon pour
organiser les forces de l'extérieur. Mais il sollicita vai-
nement du Gouverneur l'autorisation de s'éloigner de
la capitale. Ce fut Gambetta qui, le 7 octobre, partit

Gambetta
quitte Paris
en ballon.

pour aller organiser la défense en province. La défaite définitive de la France n'a peut-être tenu qu'à cette détermination du Gouverneur de Paris ; car Gambetta, avec tout son patriotisme et son activité, pouvait bien communiquer à la France l'ardeur qui l'animait et mettre sur pied de nouvelles armées ; mais, n'ayant aucune notion des questions militaires, et voulant cependant diriger les armées, ces armées furent conduites, et devaient l'être, sans discernement, on peut dire à tort et travers. L'entente entre Paris et l'extérieur, qui était la condition essentielle du succès, ne devait pas s'établir, et tous les efforts de la France devaient rester infructueux.

On peut croire qu'il en eût été autrement si le général Ducrot se fût éloigné de Paris. Il n'était pas nécessaire à l'intérieur de la capitale. Plusieurs généraux, et notamment le général Vinoy, avaient tout ce qu'il fallait pour préparer la sortie et en diriger l'exécution. Si en même temps Ducrot transporté en province eût fait tendre tous les efforts de nos armées vers le même but, il est probable que le succès serait venu couronner nos efforts, et que, dans le milieu du mois de novembre, Paris eût été dégagé.

Pour notre malheur, le général, sur lequel nous devions compter le plus, fut obligé de rester dans la capitale.

Cependant, il n'était pas homme à renoncer si vite à ses espérances, et à croire la réussite impossible parce que l'une des conditions qu'il aurait voulu voir réalisées ne se trouvait pas satisfaite.

Appelé lui-même à exécuter le plan de sortie qu'il avait conçu, il se mit de suite à en préparer l'exécution.

Il fallait d'abord s'établir solidement dans la presqu'île de Gennevilliers; au commencement d'octobre nous n'en occupions guère que les débouchés, depuis Villeneuve-la-Garenne jusqu'au Mont-Valérien. A cet effet, le général Ducrot, qui pendant cette période de préparation s'était réservé la direction spéciale des opérations du 14ᵉ corps, tout en poussant activement l'instruction des troupes, dirigeait fréquemment des reconnaissances qui avaient pour résultat de nous faire gagner peu à peu du terrain. Le 6 octobre, il s'avance jusqu'à Charlebourg; le 7, jusqu'à la Malmaison; le 9, jusqu'à Petit-Nanterre. On ne restait pas non plus inactif sur les autres parties de la ligne de défense, car il importait de ne pas attirer l'attention des Allemands du seul côté où l'on voulait prononcer un effort décisif. A la suite de la malheureuse affaire de Chevilly, on était cependant resté maître du plateau de Villejuif, où l'on arma de pièces de 12 les 2 redoutes des Hautes-Bruyères et du Moulin-Saquet. Le général Tripier, qui commandait en chef le génie, avait entrepris de procéder, avec l'assentiment du Gouverneur, comme les Russes à Sébastopol, par un système de contre-approches, et se proposait d'élever plusieurs ouvrages depuis Vitry jusqu'au fort de Montrouge.

Occupation
de la presqu'île
de Gennevilliers.

Après entente avec le général Vinoy, on décida d'essayer d'abord de gagner un peu de terrain dans la vallée de la Bièvre; le 7 octobre, le 35ᵉ de ligne parvint à occuper le village de Cachan, et le 10, à la tombée de la nuit, le régiment des mobiles de la Côte-d'Or réussit à s'emparer de la Maison-Plichon, qui fut mise immédiatement en état de défense, et reliée les jours

Progrès
dans la vallée
de la Bièvre.

suivants par des tranchées au chemin de fer de Sceaux. Les Allemands ne semblaient pas vouloir s'opposer à ces travaux. Cependant, le Gouverneur avait été amené à croire que les Allemands se disposaient à attaquer avec des forces considérables les fronts sud de Paris, et il avait prescrit au général Vinoy de redoubler de vigilance de ce côté. A la suite de nouveaux avis, le général Trochu vint à penser, au contraire, que les mouvements de troupes dont il avait eu connaissance avaient pour objet de dissimuler l'envoi sur la Loire d'une partie des forces allemandes et, pour être complètement éclairé sur ce point, il ordonna au général Vinoy, dans la nuit du 12 au 13 octobre, de pousser une reconnaissance offensive sur Châtillon, en lui promettant l'appui d'une division du 14e corps.

Combat de Bagneux-Châtillon (13 octobre). Le commandant du 13e corps se mit immédiatement en mesure d'exécuter cette reconnaissance. A droite, 2 bataillons du 13e de marche de la brigade Susbielle, avec une compagnie de chasseurs, une batterie d'artillerie, et une section du génie dut s'avancer sur Clamart; au centre, le 14e de marche de la même brigade et le 3e bataillon du 13e, ayant pour réserve le 42e de ligne, eut pour objectif Châtillon; à gauche, les mobiles de la Côte-d'Or, soutenus par le 35e de ligne, devaient se porter sur Bagneux.

En outre, une brigade de la division Caussade, envoyée par le 14e corps, conformément aux prescriptions du Gouverneur, dut prendre position entre Bagneux et la Maison-Plichon, pour contenir les troupes allemandes établies à Bourg-la-Reine.

Enfin, la brigade Dumoulin, avec le régiment des

mobiles de la Vendée, dut se tenir en réserve derrière le fort de Montrouge. On devait agir ainsi, avec environ 25,000 hommes, soutenus par plus de 80 pièces d'artillerie, sans compter l'artillerie des forts.

A 9 heures du matin, le 13 octobre, le fort de Montrouge, tirant sur le village de Bagneux, en prépare l'attaque, et les mobiles s'avancent intrépidement, soutenus par l'artillerie, et attaquent les premières maisons du village. Mais les Prussiens résistent vigoureusement et le 2e bataillon du 35e se porte en avant pour appuyer l'attaque. Son arrivée donne une nouvelle ardeur aux mobiles, et les Prussiens sont chassés du village. On s'occupe de s'y établir solidement et de le faire occuper par 4 bataillons de mobiles et par le 35e tout entier ; la brigade Dumoulin avance en même temps pour les soutenir, et la brigade du 14e corps vient prendre position à gauche, vis-à-vis de Bourg-la-Reine.

En même temps la colonne de droite occupe Clamart sans coup férir, et s'y maintient. Mais la colonne du centre, qui avait Châtillon pour objectif, rencontre plus de difficultés. L'avant-garde, formée d'une compagnie de chasseurs, soutenue par 2 pièces d'artillerie, parvient bien à occuper les premières maisons, mais est bientôt arrêtée par une barricade établie dans la rue principale. Avec l'aide de l'artillerie et d'un bataillon du 13e de marche, on parvient cependant à en chasser les Allemands. Mais une fusillade bien nourrie empêche nos troupes d'aller plus loin. Cependant, les sapeurs cheminent à travers les maisons et, suivis par 3 compagnies du 42e, ils arrivent près de la place de l'église.

Pendant qu'une partie des troupes du général Susbielle attaquait ainsi le village par le nord, 2 bataillons du 14ᵉ de marche s'étaient avancés pour l'aborder par la face gauche.

Cette colonne, débouchant de Montrouge, se porte résolument en avant et, malgré des pertes sérieuses, parvient à enlever les premières maisons du village et continue lentement, jusque près de l'église. Mais, de ce côté comme de l'autre, nous nous trouvons arrêtés par la résistance de l'ennemi, solidement établi dans les maisons voisines, et l'on pouvait apercevoir de nombreux renforts allemands arriver de toutes parts.

Nos troupes avaient eu devant elles, depuis le commencement de l'action, les avant-postes du IIᵉ corps bavarois, et, au premier avis de l'apparition des Français, le gros du corps d'armée avait pris les armes. A 11 heures, toute la 4ᵉ division était entrée en ligne avec plusieurs batteries, partie pour renforcer les défenseurs de Châtillon, partie pour reprendre l'offensive sur Bagneux.

En même temps, la 3ᵉ division bavaroise était venue s'établir à gauche, vis-à-vis de Clamart. Dans ces conditions, le général Vinoy pouvait facilement se convaincre que, sur tous points, les Allemands se trouvaient en force ; le but de la reconnaissance était atteint et, vers 2 heures et demie, il donna l'ordre de la retraite. Elle s'exécuta partout dans le meilleur ordre sous la protection de l'artillerie, et les divisions Blanchard et Maud'huy revinrent occuper leurs cantonnements : la première, depuis le Bas-Meudon jusqu'à la Bièvre ; la seconde, sur le plateau de Villejuif. Nos troupes venaient de montrer que l'on pouvait compter sur elles. Elles avaient 400 tués ou blessés, dont 14 officiers ; les pertes des Allemands étaient un peu plus considérables.

Mais on n'avait attaqué que les avant-postes allemands, tandis qu'au combat de Chevilly, on s'était
heurté à leur véritable ligne de défense.

Du reste, d'un côté comme de l'autre, on avait pu
constater que la ligne d'investissement était solidement
occupée.

Quelques mouvements de troupes avaient bien eu lieu
pendant les derniers jours sur la ligne d'investissement;
mais les moyens de résistance des Allemands n'avaient
nullement été diminués.

Mouvement
sur la ligne
d'investissement.

Le 1er corps bavarois avait d'abord été employé seul
à soutenir les divisions de cavalerie chargées de couvrir
au sud et à l'ouest de Paris les derrières de l'armée de
siège ; bientôt on crut utile de les renforcer de la 22e division prussienne qui, le 6 octobre, fut portée sur Montlhéry. La 21e division, avec l'artillerie de corps, resta
encore quelques jours entre la Marne et la Seine ; mais,
le 10 octobre, à l'arrivée de la 17e division, qui fut dirigée sur Paris après la prise de Toul, cette partie du
XIe corps passa sur la rive gauche de la Seine et vint
s'établir de Meudon à Sèvres, à la gauche du IIe corps
bavarois.

Le Ve corps, en serrant sur sa gauche, put ainsi
occuper plus solidement les positions qu'il avait à défendre en avant de Versailles et, du reste, avant la fin
du mois, cette partie de la ligne d'investissement devait
encore être renforcée par la division de landwehr de la
garde venant de Strasbourg. Le gros de cette division
fut réuni du 18 au 23 aux environs de Lonjumeau,
d'où, le 30, elle fut portée sur Saint-Germain-en-
Laye.

Prise de Soissons
(16 octobre).

Les autres troupes, qui avaient primitivement formé le XIIIe corps avec la 17e division, avaient pour mission d'assurer les communications de l'armée de la Meuse. Le gros de ces troupes, comprenant 8 bataillons de landwehr, fut chargé de prendre Soissons ; la place fut complètement investie le 6 octobre et capitula le 16 ; le grand-duc de Mecklembourg, qui avait le gouvernement général de Reims, était venu diriger les opérations ; le 17, il rentra à Reims, et, le 28, il fut appelé sous Paris pour prendre le commandement supérieur des Wurtembergeois et de la 17e division, c'est-à-dire des troupes établies entre la Marne et la Seine.

Projet d'attaque
en règle
des Allemands.

Pendant que l'investissement devenait de plus en plus rigoureux, les Allemands songeaient aux moyens d'amener la capitulation de la place. Convaincus qu'un bombardement ne suffirait pas, ils avaient décidé, dès le commencement d'octobre, de recourir, dès que ce serait possible, à une attaque en règle qui aurait pour objectif principal les forts d'Issy et de Vanves, tandis que l'on dirigerait une attaque secondaire par le nord-ouest. A cet effet, l'armée de la Meuse avait été invitée à étendre sa droite jusque dans la presqu'île de Gennevilliers. Mais les reconnaissances exécutées de ce côté avaient bientôt amené les Allemands à penser que l'occupation permanente de cette presqu'île ne pourrait être obtenue que par de gros sacrifices, et l'on avait décidé de se contenter d'empêcher les Français de s'y établir. L'armée de la Meuse se bornait donc, le 11 octobre, à exécuter un mouvement d'ensemble sur sa droite et à renforcer les troupes qui occupaient Argenteuil. Une brigade de la 8e division tout entière occupait la presqu'île de ce nom, tandis que le reste de la division était établi en arrière, entre Sannois et le lac d'Enghien ; la 7e division se trouvait aux environs de Montmorency. La garde était établie depuis Montmorency jusqu'au Blanc-Mesnil ; les Saxons s'étendaient jusqu'à la Marne.

Ces dispositions n'empêchèrent pas les Français de faire, chaque jour, des progrès dans la presqu'île de Gennevilliers, où ils élevèrent de nombreux ouvrages qui furent armés d'artillerie, si bien que les Allemands renoncèrent à toute attaque sérieuse de ce côté et admirent qu'il serait préférable de diriger leurs efforts contre les ouvrages de Saint-Denis. Le général Ducrot, au contraire, persistait dans son idée et travaillait sans relâche à la réalisation de ses desseins. Dès le 10, une brigade de nouvelle formation, sous les ordres du général Berthault, comprenant le régiment de zouaves de marche, le 36e de marche et 2 bataillons de mobiles du Morbihan, était mise à la disposition du général Ducrot. Elle fut établie à Courbevoie, Puteaux et Suresnes et le général Berthault, qui dut exercer le commandement sur la rive gauche de la Seine, eut de plus, à sa disposition, un régiment de marche de dragons.

Avec une partie de ces troupes, le général Berthault pousse, le 12, une reconnaissance sur la Malmaison et, le 13, sur Bezons ; le 14 octobre, le régiment de mobiles de Seine-et-Marne est également dirigé sur la rive gauche et occupe Asnières, de manière à défendre tout le terrain compris entre Courbevoie et Villeneuve-la-Garenne.

Une batterie de 12 vient en même temps prendre position au rond-point de Courbevoie. Le 14 et le 16, le

Progrès des Français dans la presqu'île de Gennevilliers.

général Berthault pousse de nouvelles pointes sur Argenteuil ; le 17, deux nouveaux bataillons de mobiles sont mis à sa disposition et il fait occuper les redoutes de Colombes et de Charlebourg.

Le 19, la division Caussade, mise à la disposition du général Vinoy, revient occuper Clichy et Saint-Ouen.

Enfin, le 20, le général Ducrot, voulant complètement dégager sa gauche, décide qu'une attaque sera dirigée sur Rueil et la Malmaison, dans le but d'en chasser les Prussiens et d'occuper solidement ces positions, et il fait reconnaître le jour même toute cette région par son aide de camp, le capitaine Faverot, appuyé d'un peloton de gendarmes.

Le général en chef voulait, en outre, éprouver la valeur de ses troupes, dont il ne cessait d'activer l'instruction. Ses ordres furent donnés, dès le 20, pour être mis à exécution le 21.

Combat de la Malmaison (21 octobre). Les troupes qui devaient participer à cette opération furent divisées en trois groupes. A droite, le général Berthault avec 3,400 hommes, 20 bouches à feu et 1 escadron de cavalerie dut s'avancer sur Rueil et la Malmaison ; au centre, le général Noël avec 1350 hommes et 10 bouches à feu eut également pour objectif la Malmaison ; à gauche, le colonel Cholleton avec 1600 hommes, 18 bouches à feu et 1 escadron de cavalerie, dut attaquer Buzenval. En outre, le général Martenot, avec 2,600 hommes et 18 bouches à feu, devait appuyer la gauche en observant Montretout ; tandis que le général Paturel, avec 2,000 hommes d'infanterie, 28 bouches à feu et 2 escadrons, observerait à droite la presqu'île des Houilles, en servant de réserve au général Berthault.

C'était, en somme, un effectif d'une dizaine de mille hommes, avec 120 bouches à feu, que le général Ducrot voulait engager. Elles allaient se heurter au V⁰ corps prussien, qui occupait toutes les hauteurs en avant de Versailles. A midi et demi, les trois colonnes du général Berthault, du général Noël et du général Martenot se mettent en mouvement ; leurs batteries, au nombre de 8, viennent s'établir sur un demi-cercle s'étendant de la station de Rueil à la Briqueterie, ayant pour objectif Bougival, la Malmaison et Buzenval.

En arrière, les batteries des colonnes Paturel et Cholleton sont échelonnées depuis le moulin des Gibets jusqu'au delà de la Maison-Brûlée. A 1 heure et demie, toutes ces batteries ouvrent le feu et l'infanterie se déploie.

Mais nos préparatifs n'étaient pas restés inaperçus des Allemands, et, dès midi, le général commandant le V⁰ corps prussien avait fait prendre les armes à son corps d'armée. La 19⁰ brigade, qui était en première ligne, prit immédiatement ses positions de combat, soutenue par la 20⁰, et la 9⁰ division fut dirigée de Versailles sur Vaucresson, pour servir de réserve.

Cependant, notre artillerie, très supérieure en nombre, eut facilement raison de l'artillerie prussienne et notre infanterie put se déployer sans difficulté : celle du général Berthault, à Rueil ; celle du général Noël, près de la Maison-Brûlée, et, celle du colonel Cholleton, vis-à-vis de Buzenval. Après trois quarts d'heure de canonnade, nos fantassins se portent en avant ; à droite, les zouaves et le 36⁰ de marche chassent le poste prussien qui occupe la Malmaison avec l'aide de quelques fractions de la colonne Noël, puis en débouchent pour se

porter à l'attaque de la Jonchère. Mais là une fusillade
très nourrie accueille nos jeunes troupes et une compagnie de zouaves, entraînée par l'ardeur de ses chefs,
reste seule pendant quelque temps au delà du ravin de
Saint-Cucufa.

Le général Berthault, qui voit le péril, fait soutenir
cette compagnie par deux bataillons de mobiles et un
bataillon du 36e ; mais ces troupes sont arrêtées sur les
pentes de la Jonchère et le général Berthault, vers
3 heures, est obligé d'ordonner la retraite sur le parc
après avoir perdu la moitié des forces engagées, dont le
commandant Jacquot, du régiment de zouaves, qui, à la
tête de ses troupes, s'était conduit en héros ; l'artillerie,
placée entre Rueil et la Seine, avait puissamment se-
condé les efforts de ces troupes. Au centre, la colonne
Noël s'était portée en avant vers le ravin de Saint-Cucufa et, à gauche, les francs-tireurs de la colonne Cholleton avaient chassé les Prussiens du château de Buzenval ; mais, malgré l'appui des batteries qui, sous les
ordres du commandant de Miribel, s'étaient portées fran-
chement en avant, ces troupes échouèrent comme celles
de droite sur les pentes de la Jonchère et l'arrivée des
renforts prussiens nous obligea partout à la retraite. Elle
se fit avec calme, les Allemands ne suivant qu'à distance. Nos pertes s'élevaient à 500 hommes ; celles des
Allemands dépassaient 400. A l'extrême gauche, la colonne du général Martenot avait à peine été engagée, les
Prussiens ne s'étant pas montrés de ce côté. Nos jeunes
troupes avaient fait preuve d'une vigueur de bon
augure pour le succès de la grande opération que le
général Ducrot méditait et, si nous avions échoué devant
des positions solidement fortifiées, nous restions maîtres

de Rueil, ce qui permit d'établir sur le plateau des Gibets une redoute dont les feux devaient battre la vallée de la Seine et protéger, plus tard, nos colonnes en marche sur Argenteuil.

Pendant que le général Ducrot livrait ce combat, les divisions du 13e corps, d'après l'ordre du Gouverneur, avaient fait des démonstrations en avant de leur front. La division Blanchard s'était avancée sur les villages de Bagneux et de Châtillon ; la division Maud'huy sur L'Hay et Choisy-le-Roi ; mais ni l'une ni l'autre n'avaient prononcé d'attaque sérieuse et, à la tombée de la nuit, elles rentrèrent dans leurs cantonnements. La division d'Exéa, établie de l'autre côté de la Seine depuis Charenton jusqu'à Rosny, s'était également mise en mouvement en 3 colonnes. A droite, on avait occupé Créteil et engagé une fusillade assez vive avec l'ennemi ; on s'était retiré à 5 heures du soir.

Démonstrations au Sud et à l'Est.

Au centre, 3 bataillons avaient passé la Marne au dessous de Nogent et refoulé les avant-postes allemands sur le Plant et Champigny ; mais, arrêtées par l'ennemi, bien établi sur ces positions, nos troupes s'étaient retirées sous la protection d'une batterie de mitrailleuses, bien postée sur la droite de la Marne.

A gauche, le 8e régiment de marche avait pu pousser une reconnaissance par le rond-point de Plaisance jusqu'à près de Neuilly-sur-Marne et avait regagné ses cantonnements sans s'être engagé avec l'ennemi.

Il était clair que, partout, l'ennemi était sur ses gardes et prêt à nous recevoir ; mais en même temps, de notre côté, nous étions en mesure de résister partout à son attaque ; sur bien des points, même, nous avions fait des progrès sensibles depuis un mois ; le principal était la prise de possession de la presqu'île de Gennevilliers qui, dès les premiers jours de l'investissement, avait été presque complètement abandonnée. Après le combat de la Malmaison, notre gauche s'étendant jusqu'à Rueil, on put pousser la construction des ouvrages avec une nouvelle activité et les armer de gros calibres.

Organisation de la défense à la fin d'octobre.

A la fin d'octobre, les positions de la ligne de défense se trouvaient divisées en 4 grandes zones :

1° De Villeneuve-la-Garenne au Point-du-Jour, le terrain était occupé par le 14e corps sous les ordres directs du général Ducrot, de qui dépendaient, en outre, toutes les troupes de la rive gauche, commandées par le général Berthault.

2° D'Issy à Rosny se trouvait le 13e corps qui, en réalité, était divisé par la Seine en deux portions distinctes : sur la rive gauche, se trouvaient les divisions Blanchard et Maud'huy, sous le commandement direct du général Vinoy ; sur la rive droite, la division d'Exéa était à peu près indépendante : le général d'Exéa avait de plus sous ses ordres un groupe de mobiles commandé par le colonel Reille, qui, à la gauche de sa division, occupait le village de Tilmont, entre la redoute de Fontenay et le fort de Rosny.

3° Le contre-amiral Saisset, à Aubervilliers, occupait, avec les marins, les forts de Rosny, Noisy-le-Sec et Romainville et les redoutes intermédiaires. Il était parvenu, par des sorties de chaque jour, à gagner du terrain et avait refoulé les Allemands jusqu'à la forêt de Bondy.

4° Enfin, le commandement du général de Bellemare s'étendait du fort d'Aubervilliers jusqu'à la Seine,
comprenant les forts de l'Est, de Saint-Denis et de la
Briche. Les troupes aux ordres de ce général formaient
3 brigades où comptaient les 28e, 34e et 35e de marche,
un détachement de fusiliers marins, la majeure partie
des mobiles de la Seine et les francs-tireurs de la
Presse.

Ces derniers occupaient le village de la Courneuve,
bien couverts par l'inondation du Crould.

Jusqu'à la fin d'octobre, il n'y eut dans cette zone
aucune action importante. Cependant, le général de Bellemare, pénétré des avantages qu'il y avait à gagner
partout du terrain, avait projeté de s'emparer du village du Bourget, qui se trouve sur la petite rivière de
la Molette, affluent du Crould, à quelques kilomètres en
avant du fort d'Aubervilliers.

Après avoir fait leurs préparatifs pendant la nuit du
27 au 28, les francs-tireurs de la Presse, débouchant de
la Courneuve à 3 heures du matin, se jettent sur le
Bourget et mettent en fuite le premier poste prussien.
Appuyés par 2 bataillons de ligne et 2 pièces de 12, ils
parviennent rapidement à occuper le village.

En même temps, le contre-amiral Saisset, prévenu
des intentions du général de Bellemare, avait dirigé un
bataillon sur le village de Drancy, qui fut pris sans coup
férir.

On s'empressa de se fortifier sur les positions con-
quises, malgré le feu violent que les Prussiens diri-
geaient du Pont-Iblon sur le Bourget.

Afin de s'opposer à tout retour offensif de l'ennemi,

Prise du Bourget.
(28 octobre).

11

le général de Bellemare prit les dispositions suivantes :

Les francs-tireurs de la Presse, avec un bataillon de mobiles de la Seine, furent installés au Bourget d'une manière permanente et soutenus par 3 bataillons, 2 pièces de 4 et 1 mitrailleuse, qui devaient être relevés toutes les 24 heures.

A droite, la position devait être protégée par 1 bataillon et 2 autres pièces, par les gros calibres du fort d'Aubervilliers et par les troupes qui occupaient Drancy.

A gauche, 2 bataillons de ligne, établis à la Courneuve avec 2 pièces de 12, devaient également soutenir les défenses du village que l'on venait d'emporter. Le général de Bellemare avait devant lui les troupes de la 2e division de la garde prussienne, et le général qui commandait cette division avait en effet l'intention de faire, le soir même du 28, une tentative pour reprendre le Bourget.

Dans ce but, 1 bataillon et demi fut mis en mouvement à 7 heures et demie ; mais, en approchant des premières maisons, il fut accueilli par une vive fusillade qui l'obligea à se retirer avec des pertes sérieuses. Une canonnade, entretenue le 29 au matin pendant plusieurs heures par 30 pièces de canon, n'eut pas plus de succès.

Cependant, le prince royal de Saxe, en raison de ses projets sur les ouvrages de Saint-Denis, tenait à empêcher l'établissement des Français au Bourget, et sur son ordre, la 2e division de la garde prit ses dispositions pour attaquer le 30 au matin.

La garde prussienne reprend le village (30 octobre). Vers 8 heures, cette division se mit en mouvement en trois colonnes soutenues par les batteries à cheval de la garde et 2 batteries montées de l'artillerie de corps.

En même temps, la 1re brigade, avec l'artillerie de la
1re division, était prête à appuyer l'opération à droite,
tandis que la 23e division (Saxons) se disposait à soutenir
la gauche.

C'était, en somme, plus de 20,000 hommes que les
Allemands allaient porter en avant pour nous chasser du
Bourget.

Ils eurent à essuyer d'abord un feu violent partant du
village et des forts.

Cependant, à 9 heures, la colonne du centre, venant
du pont Iblon, parvint à s'emparer de la lisière nord du
village ; une lutte acharnée s'engagea dans les rues et
dans les maisons ; mais, bientôt, nos troupes sont obligées de céder sous le nombre. Les Prussiens occupent
toute la partie du village située sur la droite du ruis-
seau, et le général de Bellemare ordonne la retraite à
11 heures. La colonne prussienne de gauche avait eu
affaire en même temps aux troupes de Drancy ; mais,
malgré la supériorité de son artillerie, elle n'avait pu
faire de progrès sérieux de ce côté. Cependant, une fois
le Bourget évacué par les troupes du général de Bellemare, on pensa que le village de Drancy était trop en
pointe, et les marins qui l'occupaient reçurent l'ordre
de l'abandonner. Nos pertes, dans cette journée, furent
sérieuses. Elles s'élevèrent à 1200 hommes, dont la
plupart furent faits prisonniers au Bourget ; celles des
Allemands furent d'environ 500 hommes tués ou blessés.

Le gouverneur de Paris, dès qu'il avait eu connaissance de l'occupation du Bourget, avait émis l'avis que
l'entreprise était inutile et même dangereuse, parce que
le village était en flèche.

Importance
de l'occupation
du Bourget.

Nous sommes d'un avis absolument opposé. D'abord, d'une manière générale, toute extension de nos lignes était un avantage réel ; c'était autant de gagné sur l'ennemi, et en même temps il ne pouvait en résulter qu'un excellent effet sur le moral des troupes.

Nous pensons, en outre, que la position était tenable, si l'on avait pris les dispositions nécessaires pour la conserver. Sans doute l'ennemi pouvait la canonner, des positions qu'il occupait sur la Morée ; mais rien ne nous empêchait de lui opposer une artillerie au moins aussi forte que la sienne. Il suffisait, pour cela, de construire des batteries en deçà de la Molette, à droite et à gauche du Bourget, en avant de la Courneuve et de Drancy, et de les armer de pièces de siège.

Le matériel ne manquait pas, il était au contraire formidable ; tout celui qui était placé sur l'enceinte y était inutile et pouvait être considéré comme disponible. Si l'on eût commencé ces batteries le 28, elles auraient pu être armées le 29, et dès le 30, on aurait pu opposer à l'ennemi une vingtaine de pièces de siège, sans compter les batteries mobiles.

Pour peu qu'on les ait soutenues de quelques troupes d'infanterie, il est à peu près certain que l'attaque prussienne eût échoué, et si nos adversaires eussent voulu la renouveler avec des forces plus considérables, il fallait continuer la lutte en défendant une position contre laquelle il aurait usé une partie de ses forces.

Dans les conditions où nous nous trouvions, enlever les positions de l'ennemi était bien difficile, mais la conservation de celles que nous occupions était presque partout possible. Et, à supposer qu'on eût été à la fin obligé d'évacuer le Bourget, la retraite ne pouvait être désas-

treuse ; car on se trouvait de suite sous la protection des
forts permanents. Le seul fait d'ailleurs que les Allemands tenaient à nous chasser de cette position, suffit
à montrer l'avantage qu'il y avait pour nous à s'y maintenir.

Nous dirons en outre qu'au point de vue de la grande
opération que projetait le général Ducrot, tout progrès
obtenu du côté de Saint-Denis ne pouvait être qu'avan-
tageux. Pour avoir quelques chances de succès dans la
tentative de sortie par la presqu'île de Gennevilliers, il
fallait, en effet, aborder l'ennemi sur le plus large front
possible, et pendant que les forces destinées à s'éloigner débouchaient par Argenteuil, il convenait d'employer une partie des forces de la garnison à droite et à
gauche, soit pour concourir à l'action principale, soit
pour empêcher l'ennemi de porter des renforts sur le
point d'attaque décisif. L'occupation du Bourget, si elle
eût été complétée par celle de Drancy et du Mont-
Avron, ne pouvait donc qu'augmenter les chances favorables pour la grande bataille que l'on aurait livrée.
Elle était aussi utile sur la droite de la presqu'île de
Gennevilliers que l'était sur la gauche l'occupation de
Rueil, à laquelle le général Ducrot tenait à si juste
titre.

En réalité, si l'on avait été amené à mettre à exécution
ses projets de sortie, il aurait fallu livrer simultanément
3 batailles, à gauche sur Buzenval et la Malmaison, pour
contenir les troupes de Versailles, à droite, en avant de
Saint-Denis, pour occuper la garde ; en avant, au delà
d'Argenteuil, pour essayer de forcer les positions du
IVᵉ corps prussien. De pareilles dispositions étaient nécessaires pour donner à l'opération quelque chance de

succès. Nous pensons donc que l'occupation du **Bourget** était désirable, qu'elle était possible et que le Gouverneur avait eu tort de ne pas faire de sérieux efforts pour s'y maintenir.

A vrai dire, nous estimons que, même avec toutes ces précautions, le projet de sortie n'avait que de faibles chances de succès, si les forces de Paris n'avaient pas le concours d'une armée extérieure.

Nous avons souvent insisté sur ce sujet (1), en émettant l'avis, conforme à tous les exemples de l'histoire, qu'une armée bloquée est à peu près dans l'impossibilité de se sauver d'elle-même. Et ce n'était pas de troupes aussi inexpérimentées que celles de Paris qu'il fallait attendre de remplir une tâche dans laquelle les troupes les plus solides ont toujours échoué. Dans les combats qui se livrent sur le pourtour d'une place bloquée, l'avantage est toujours pour celui qui se défend, parce que son terrain est préparé et fortifié, et qu'il n'est possible de l'aborder que de front.

C'est en raison de ces difficultés que l'armée de siège ne peut espérer enlever la place de vive force qu'en employant de longs cheminements; le rôle de l'armée de la défense, qui veut forcer la ligne d'investissement est presque aussi difficile.

C'est pourquoi nous croyons que, malgré la grande étendue de la ligne qu'occupaient les Allemands autour de Paris, il était presque certain que nos adversaires trouveraient les moyens de résister aux attaques des

---

(1) Voir notamment l'étude ayant pour titre : *La perte des États et les camps retranchés.*

forces nombreuses réunies dans la capitale, même dans le cas où l'on aurait employé les dispositions que nous avons indiquées plus haut, et qui auraient permis de mettre en ligne plus de 150,000 hommes, depuis Saint-Denis jusqu'au Mont-Valérien.

Une division de la garde aurait suffi pour contenir le corps de Saint-Denis, même s'il eût été porté à 30,000 hommes. Il ne serait pas juste de répondre que rien que pour reprendre le Bourget ils ont dû déployer 20,000 hommes, car ils se trouvaient justement dans les conditions de l'offensive, et cet exemple ne peut que venir à l'appui de la thèse que nous soutenons. Dans le cas d'une tentative de sortie les proportions auraient été renversées. Dès lors, la seconde division de la garde pouvait de suite appuyer le IVᵉ corps, attaqué par le général Ducrot, et un peu plus tard, au moins une division saxonne aurait pu également entrer en ligne. Or il faut bien remarquer qu'une armée de 100,000 hommes ne peut pas se déployer en un clin d'œil, et que tout ce qu'on pouvait espérer, c'était de brusquer l'attaque d'Argenteuil et le passage des premières troupes sur la rive droite de la Seine. Mais en attendant l'arrivée du gros de nos forces, les Allemands auraient eu le temps de prendre leurs dispositions sur les hauteurs de Cormeilles et de Sannois. D'autre part, une division du Vᵉ corps d'armée, soutenue par la 24ᵉ division, eût été plus que suffisante vis-à-vis des 20 ou 30,000 hommes que l'on aurait pu porter en avant du Mont-Valérien ; et l'autre division du Vᵉ corps avec la landwehr de la garde pouvait passer la Seine à Saint-Germain, et attaquer le flanc de nos colonnes débouchant d'Argenteuil sur Cormeilles.

Nécessité
du concours
des armées
de province.

Il était donc très probable que le projet du général Ducrot échouerait si les forces de Paris restaient livrées à elles-même ; mais il en eût été tout autrement si elles eussent agi avec le concours d'une armée extérieure.

Ces considérations montrent quelle grande faute on avait commise en attirant dans Paris ces nombreux bataillons de mobiles à peine organisés. En raison de leur manque absolu d'instruction, ils avaient été complètement inutiles pendant la période d'investissement, et après avoir acquis une valeur réelle, ils devaient être impuissants devant les lignes fortifiées de l'ennemi. Tout autre eût été la situation si la plupart de ces bataillons eussent été laissés en province ; l'investissement de la capitale n'eût pas été plus rapide, mais on eût disposé de 80,000 hommes de plus pour la dégager, au moyen des armées de province, c'est-à-dire que l'on se serait trouvé de suite dans la situation que le projet de sortie avait pour objet de produire ; car ce que l'on devait viser, c'était moins le ravitaillement immédiat de Paris que la sortie d'une armée capable d'opérer au dehors. Dans les conditions où l'on se trouvait, on pouvait donc se demander d'abord si la province aurait le moyen d'organiser en temps utile une armée de secours et ensuite, si, après l'avoir formée, on l'emploierait à favoriser les projets du général Ducrot. Tout en déployant toute l'activité dont il était capable, ce dernier était profondément pénétré de toutes ces difficultés. Au sujet de la formation de nouvelles forces, on ne pouvait avoir d'influence précise sur l'activité de la province ; mais, connaissant l'ardeur patriotique de Gambetta, il était permis d'espérer que tout serait mis en œuvre pour tirer de la France tous les moyens de lutter qu'elle était susceptible de produire. Quant à l'emploi de ces forces, on pouvait bien donner quelques indications sur le but qu'il convenait de poursuivre en commun. Mais était-il certain que l'on serait suivi dans cette voie? Le Gouverneur, qui approuvait complètement les projets du général Ducrot, fit tout ce qui était possible pour les porter à la connaissance de la délégation de Tours, et pour réclamer le concours des forces organisées en province.

Dès le 14 octobre, M. Ranc partant pour Tours, fut chargé d'exposer à Gambetta le projet de sortie par la basse Seine ; le 19, le 23 et le 25 le général Trochu et Jules Favre envoyèrent des dépêches dans le même sens, invitant Gambetta à diriger les principales forces organisées au-devant de l'armée de Paris, en les réunissant d'abord à Rouen. La délégation de Tours voudrait-elle entrer dans les vues du général Ducrot, approuvées par le Gouverneur et recommandées par Jules Favre? Toute la question était là ; car la première condition à réaliser, pour réussir, résidait dans le concours de toutes les énergies et de toutes les ressources tendant vers un même but.

III

ÉTAT DE LA PROVINCE

CHUTE DE METZ

III

ÉTAT DE LA PROVINCE

CHUTE DE METZ

Pendant que les Allemands exécutaient l'investissement de Paris, il n'y avait en province aucune force
capable de tenir la campagne. Quelques francs-tireurs
avaient seulement harcelé la marche des corps allemands sans les retarder d'une manière sensible.

Il existait cependant, dans les dépôts, un assez grand
nombre d'hommes ; mais ils appartenaient, pour la
plupart, à la classe de 1870 et étaient dépourvus d'instruction ; d'autres étaient d'anciens soldats rappelés,
mais qu'il fallait organiser ; les mobiles, en grand
nombre, ne pouvaient pas être non plus employés de
suite. La délégation envoyée en province, et qui comprenait MM. Crémieux, Glais-Bizoin et l'amiral Fourichon, vint s'établir à Tours le 16 septembre et se mit à
l'œuvre pour former de nouveaux corps. Au début de
la guerre, 4 régiments de ligne avaient été laissés en
Afrique : on s'empressa de les rappeler. En utilisant ces
diverses ressources, on se proposa d'abord de former
sur la Loire un corps d'armée qui dut comprendre

3 divisions d'infanterie et qui fut placé sous le commandement du général de La Motterouge.

On y joignit la division de cavalerie du général Reyau, qui était sortie de Paris avant le combat de Châtillon. Cette division fut de suite portée en avant, avec les premiers bataillons disponibles, pour occuper la forêt d'Orléans et surveiller les mouvements de la cavalerie allemande.

En même temps, le général Fiéreck rassemblait d'autres forces dans l'Ouest. Il était couvert, sur la rive droite de la Seine, par le général Gudin, qui occupait l'Andelle avec 2 bataillons de marche, 12 bataillons de mobiles et 2 régiments de cavalerie échappés de Sedan et présentant ensemble un effectif de 14,000 hommes; tandis que, sur la rive gauche, le général Delarue occupait l'Eure avec quelques milliers d'hommes répartis de Chartres à Vernon. Enfin, dans l'Est, le général Cambriels organisait à Besançon un corps destiné à défendre les passages des Vosges.

La cavalerie allemande entre la Seine et la Loire. Dès les derniers jours de septembre, la cavalerie allemande chargée de couvrir les derrières de l'armée d'investissement se heurta aux divers corps réunis entre la Loire et la Seine.

La 5ᵉ division de cavalerie, dont le gros occupait Saint-Germain-en-Laye, ayant envoyé des patrouilles dans la direction de Mantes, rencontra les troupes avancées du général Delarue.

10 escadrons, avec 2 batteries et 2 bataillons bavarois, furent portés dans cette direction le 30 septembre pour les refouler.

Les troupes françaises furent obligées de se retirer de

Vernon et d'Évreux sur Serquigny. Mais la cavalerie allemande, s'étant portée, le 8 octobre, sur Houdan et ayant envoyé, le lendemain, un parti d'éclaireurs dans la direction de Dreux, fut arrêtée à Chérizy. Le général Bredow, qui commandait la colonne allemande, se porta le 10 sur ce point et parvint facilement, avec son artillerie, à faire évacuer ce village.

A gauche de la 5e division, la 6° division de cavalerie avait dirigé, le 28 septembre, un régiment de hussards et 1 bataillon bavarois sur Rambouillet ; ces troupes rencontrèrent, le 2 octobre, des gardes mobiles qui occupaient en force Épernon. Il fallut porter contre eux une brigade de cavalerie avec 1 batterie et 2 compagnies bavaroises pour les déloger.

Plus au sud, la 4e division, chargée d'éclairer de Pithiviers sur Orléans, rencontrait de plus sérieux obstacles.

Dès le 25 septembre, ses patrouilles s'étaient heurtées, vers Bazoches-les-Gallerandes, à des troupes françaises de toutes armes qui s'étaient repliées sur la forêt ; mais le lendemain, en poussant au delà d'Artenay, un régiment de uhlans prussiens avait été accueilli, près de Chevilly, par une fusillade très vive qui l'avait obligé de se retirer vers le nord.

Nos cavaliers avaient poursuivi les uhlans dans la direction d'Artenay. Malgré ce succès, on crut à Orléans que les Allemands nous tournaient par la gauche, et l'on se disposait à la retraite ; mais la délégation, mieux renseignée, prescrivit de rester sur la rive droite de la Loire. Le 2 octobre, la brigade de cavalerie de Longuerue de la division Reyau réoccupa Artenay après en avoir chassé un détachement bavarois, et, le 5, le général Reyau se mit lui-même à la tête de sa division de cavalerie, qui avait été portée à 3 brigades par l'adjonction d'une nouvelle brigade, commandée par le général Michel, de plusieurs bataillons et d'une batterie, et se dirigea sur Toury, où se trouvait le gros de la 4e division de cavalerie prussienne.

Combat de Toury (5 octobre).

Le prince Albrecht, qui commandait cette division, prévenu de la marche des Français, se porta à leur rencontre avec les troupes de toutes armes dont il disposait, qui comprenaient 2 brigades de cavalerie, 2 bataillons bavarois et 2 batteries d'artillerie.

Il s'établit pour nous arrêter au sud de Toury.

Malgré le feu de l'artillerie allemande, le mouvement en avant continue néanmoins et le général Michel, avec sa brigade de cavalerie et une demi-batterie, menace la droite des Allemands tandis que le 6e hussards essaye de déborder leur gauche. L'ennemi, craignant d'être enveloppé, se retira sur Angerville et continua le lendemain sa retraite sur Étampes. Nos troupes s'établirent le jour même du combat en avant de Toury.

Le Gouvernement de Tours, aussitôt informé de ce succès, prescrivit au général de La Motterouge d'établir son quartier général à Orléans.

L'organisation du corps d'armée qu'il commandait, et qui devait prendre le n° 15, était en effet déjà passablement avancée.

La première division se formait à Nevers, sous les ordres du général Martin des Pallières; la deuxième, à Bourges, sous le général Martineau des Chenez; la troisième, à Vierzon, sous le général Peytavin.

Ainsi, à l'ouest et au sud de Paris, les Allemands rencontraient sur tous les points une résistance à laquelle ils étaient loin de s'attendre. Sur l'Eure, ils avaient eu facilement raison des troupes auxquelles ils s'étaient heurtés ; mais, vers la Loire, ils se trouvaient en présence de forces sérieuses qui allaient exiger de leur part de nouveaux efforts. L'arrivée de Gambetta vint activer encore nos nouvelles formations. Parti de Paris en ballon, le 7 octobre, avec des pouvoirs extraordinaires, il était arrivé à Tours deux jours plus tard et, en annonçant sa mission aux populations, il s'était immédiatement mis à l'œuvre. Comme l'amiral Fourichon avait demandé à rendre le portefeuille du Ministère de la Guerre, dont il avait été chargé, ainsi que de celui de la Marine, Gambetta prit à la fois en mains le Ministère de la Guerre et celui de l'Intérieur et devint, en réalité, l'âme de la Défense nationale en province.

Il s'adjoignit spécialement, pour les affaires militaires, un ingénieur des mines, M. de Freycinet, qui s'adjugea le premier rôle dans la direction des armées de province. C'était lui qui allait donner des ordres à tous nos généraux ; mais il n'eut pas le temps d'intervenir dans les premiers combats qui se livrèrent autour d'Orléans.

Conformément aux prescriptions de la délégation de Tours, le général de La Motterouge donna l'ordre, le 9 octobre, aux chefs de ses deux dernières divisions, de se préparer à se porter sur Orléans, où il comptait réunir la partie principale du 15e corps, de manière à résister aux nouvelles entreprises des Allemands.

Mais, déjà, le grand état-major de Versailles avait pris ses mesures pour porter, sur la Loire, des forces considérables. En apprenant l'échec de la 4e division

Marche
des Allemands
sur la Loire.

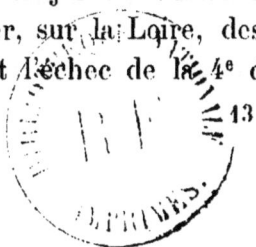

13

de cavalerie à Toury et sa retraite sur Étampes, il avait immédiatement prescrit la concentration du 1er corps bavarois sur Arpajon.

A ce moment, la 17e division du XIIIe corps, venant de Toul, arrivait sous Paris; elle fut établie sur la rive droite de la Seine à la place du XIe corps, entre le VIe et les Wurtembergeois, et le XIe corps fut scindé en deux parties : la 21e division, avec l'artillerie de corps, fut dirigée sur Meudon pour prendre position entre le IIe corps bavarois et le Ve corps prussien, tandis que la 22e division fut destinée à appuyer les Bavarois sur la Loire.

Le 6 octobre, cette dernière fut dirigée sur Montlhéry; en outre, la 2e division de cavalerie reçut l'ordre d'appuyer la gauche des Bavarois, et la 6e, leur droite; toutes ces forces furent placées sous les ordres du général von der Tann, qui put ainsi disposer, pour marcher sur Orléans, de 3 divisions d'infanterie et de 3 divisions de cavalerie (2, 4, 6). Dès le 6 octobre, le 1er corps bavarois occupait Arpajon, ayant une avant-garde vers Etréchy, et la 4e division de cavalerie vint réoccuper Angerville. Le jour suivant, la concentration continue et, le 8, les Bavarois occupent Étampes, la 22e division Etréchy, pendant que la 2e division de cavalerie est à Marolles, au sud-est d'Étampes, et la 6e à Ablis. Le 9, le général von der Tann, ayant sous la main les Bavarois avec les 2e et 4e divisions de cavalerie, et ayant reçu les instructions définitives du grand état-major, se mit en marche dans la direction d'Orléans. Les Bavarois occupaient le soir Barmainville, Saint-Peravy et Oinville au nord de Toury; après avoir refoulé quelques contingents français, la 2e division de cavalerie s'établit à Outarville. Pour le lendemain les Bavarois doivent atteindre Artenay et Sougy, la 22ᵉ division Toury, pendant que la 4ᵉ division de cavalerie à droite poussera jusqu'à la route d'Orléans à Châteaudun et que la 2ᵉ observera la direction de Pithiviers où de nombreuses forces françaises sont signalées.

En même temps la 6ᵉ division devait rester aux environs d'Ablis pour observer le pays entre Chartres et Châteaudun.

Prévenu de ces mouvements, le général de La Motte-rouge pressa l'arrivée à Orléans des divisions de Bourges et de Vierzon, et prescrivit en même temps à la 1ʳᵉ division de se porter de Nevers sur Gien. Mais quand les Allemands se présentèrent à Artenay, nous ne disposions encore pour leur résister que des troupes qui depuis 15 jours occupaient la rive droite de la Loire. Le général Reyau reçut l'ordre de s'établir à Artenay avec sa division de cavalerie, 7 ou 8 bataillons et 2 batteries. En même temps, le colonel Maurandy occupait la forêt de Saint-Lyé à Courcy avec 8 bataillons.

Combat d'Artenay (10 octobre).

Les Bavarois en s'avançant ne devaient donc rencontrer que les forces du général Reyau.

Le 10 au matin, la 1ʳᵉ brigade débouchant de Barmainville refoule d'abord facilement un détachement français qui occupait une ferme aux environs de Dambron, mais trouve une résistance plus sérieuse en approchant d'Artenay ; les Français étaient établis entre le village d'Assas et la route de Chartres, et engagèrent une fusillade qui arrêta quelque temps les bataillons bavarois ; mais la 2ᵉ brigade bavaroise venant appuyer la 1ʳᵉ oblige les défenseurs d'Assas à se retirer sur

Artenay. C'était là que le général Reyau avait établi le gros de ses forces.

Pour l'attaquer von der Tann établit d'abord 5 batteries à l'ouest de la route de Paris qu'il fit bientôt appuyer par 4 autres batteries qui arrivèrent à sa droite par la route de Chartres ; 3 régiments de cavalerie prirent position près de Poupry pour soutenir cette ligne d'artillerie.

Pendant que la canonnade s'engage, la 3e brigade bavaroise avance à gauche des deux premières, et la 4e à leur droite, soutenue l'une par la 2e division de cavalerie et l'autre par la 4e.

En présence de ce mouvement convergent le général Reyau prescrit d'évacuer Artenay ; la retraite d'abord commença en bon ordre, mais dégénéra bientôt en une fuite précipitée, qui permit aux Allemands de faire plus de 1000 prisonniers. A la suite de ce combat, le Ier corps bavarois cantonna aux environs d'Artenay, la 2e division de cavalerie près d'Aschères-le-Marché, la 4e à Sougy et Patay.

La 22e division s'était avancée le même jour jusqu'à Dambron et Tivernon. Le général von der Tann pensant que les Français ne lui offriraient plus de résistance sur la droite de la Loire, prit le parti de continuer son mouvement contre Orléans sur un large front. Pour le 11 octobre, la 4e brigade bavaroise reçut l'ordre de s'avancer par Gidy, la 22e division de gagner les Barres sur la route de Châteaudun, tandis que la 3e brigade suivie de la 1re division doit s'avancer par la grande route de Paris ; les deux divisions de cavalerie devaient protéger les flancs.

Le général de La Motterouge avait bien en effet pris le parti de traverser la Loire. Une partie des forces qu'il attendait étaient arrivées à Orléans, mais il ne se croyait pas capable de résister aux Allemands avec des troupes à peine organisées. Toutefois, pour protéger sa retraite, il laissa en avant d'Orléans, entre le chemin de fer et la route de Châteaudun, une arrière-garde d'environ 10,000 hommes. La gauche était établie à Ormes et couverte de retranchements, le centre à Saran, la droite s'appuyait à la forêt. La 22ᵉ division prussienne s'avançant par Boulay se heurte bientôt aux troupes françaises dont les postes avancés sont rejetés sur Ormes. Sept batteries prussiennes prennent position pour canonner les Français qui pour leur répondre ne disposaient sur ce point que d'une seule batterie. Cependant cette batterie bien placée entretenait un feu très efficace sur les colonnes allemandes qui sont obligées de s'arrêter ; à gauche de la 22ᵉ division, la 4ᵉ brigade bavaroise en se portant par Gidy sur Saran se trouvait également engagée dans une lutte opiniâtre et restait impuissante à refouler les Français ; aussi le général von der Tann prescrit à la 1ʳᵉ brigade de se porter par Pamiers sur Ormes pour renforcer sa droite. En même temps, la 3ᵉ brigade suivant la route de Paris à Orléans dépassait Cercottes sans difficultés, mais était également arrêtée à Bel-Air, dont elle ne s'emparait qu'après une lutte acharnée. Cette vigoureuse résistance avait permis au gros des troupes françaises de passer la Loire, et, devant les forces supérieures de l'ennemi, le général de La Motterouge, vers le milieu de la journée, prescrit la retraite. Toutefois elle ne se fit pas sans de nouveaux combats ; les troupes établies aux Ormes ne se retirèrent que vers 1 heure dans la direction de Saint-Jean-de-la-Ruelle, en défendant le terrain pied à pied ; les défenseurs de Saran se replièrent de même par les Vallées et les Murlins ; ceux de Bel-Air par les Aides sur les Aubrays.

Dès que cette retraite s'accentue, les Allemands entament la poursuite sans perdre de temps, dans le but de s'emparer d'Orléans avant la nuit ; les Français continuant leur mouvement rétrograde abandonnent la ville que le général von der Tann fait immédiatement occuper par la 1re brigade bavaroise et la 43e brigade prussienne. Les pertes en tués ou blessés furent des deux côtés de près de 2,000 hommes ; mais les Allemands purent faire près de 1500 prisonniers qui tombèrent entre leurs mains lors de l'évacuation de la ville.

Retraite des Français. Le gros du 15e corps continua les jours suivants sa retraite sur La Ferté Saint-Aubin sans être sérieusement inquiété. En même temps, le colonel Maurandy évacua La Forêt et se retira par Bellegrade sur Gien où il arriva le 14. Il y rallia les troupes du général des Pallières et se retira avec elles sur Argent. Les Allemands firent passer seulement sur la rive gauche de la Loire la 1re division bavaroise et la 2e division de de cavalerie qui se contentèrent de nous observer ; les autres troupes restèrent pendant plusieurs jours aux environs d'Orléans, la 4e division de cavalerie poussant seulement des reconnaissances sur la Loire vers Meung. A la nouvelle de ce succès, on crut, au grand état-major de Versailles, que les nouvelles formations françaises qui venaient de se montrer en avant d'Orléans

étaient pour longtemps hors de cause, et l'on prescrivit
à la 22ᵉ division de rallier la IIIᵉ armée, ainsi qu'à la
4ᵉ division de cavalerie, mais seulement après avoir
dispersé les rassemblements qui étaient signalés aux
environs de Châteaudun et de Chartres ; les Bavarois
seuls devaient rester autour d'Orléans avec la 2ᵉ division de cavalerie.

En exécution de ces ordres, la 22ᵉ division se mit en
marche le 17 octobre, atteignit le même jour Tounoisis,
et continua le lendemain son mouvement sur Châteaudun avec une brigade de cavalerie.

Cette ville avait été mise en état de défense et était
occupée par les francs-tireurs de Paris, du colonel Li-
powki, une centaine de francs-tireurs de Nantes et
350 mobiles.

Ils formaient ensemble une troupe de 1200 hommes,
tous décidés à une résistance énergique. Dès que la
22ᵉ division débouche devant la ville, elle est accueillie
par la fusillade. Malgré leur énorme supériorité numérique les Prussiens ne font que des progrès très lents,
obligés de conquérir la ville, maison par maison. Avec
l'aide des habitants, les francs-tireurs résistent toute la
journée et ne se retirent qu'à la nuit dans la direction
de Nogent-le-Rotrou en abandonnant 150 prisonniers.

On perdit de part et d'autre une centaine d'hommes
atteints par le feu ; le 19, la 22ᵉ division resta autour
de Châteaudun avec la 4ᵉ division de cavalerie ; une
avant-garde fut seulement portée à Bonneval sur la
route de Chartres, et le 20 ces troupes se remirent en
marche dans la direction de cette ville. Elles poussèrent
dans la journée jusqu'à Vitray-en-Beauce et le lende-

Combat
de Châteaudun
(18 octobre).

main elles continuèrent sur Chartres ; la 22ᵉ division par la route, une brigade de cavalerie à gauche avec l'ordre de couper le chemin de fer du Mans ; en outre, la 6ᵉ division de cavalerie, qui depuis 15 jours opérait dans les environs d'Ablis, devait déboucher au nord-est de la ville.

Occupation de Chartres (21 octobre). Chartres était occupé par environ 6,000 gardes mobiles et quelques troupes d'infanterie de marine, qui essayèrent d'abord de résister en se portant au-devant de la 22ᵉ division. Mais en présence du mouvement enveloppant des troupes prussiennes et sous la menace d'un bombardement, la municipalité entra en pourpalers et il fut convenu que les troupes françaises se retireraient vers l'ouest et que la ville ouvrirait ses portes. La 22ᵉ division s'y installa le jour même, tandis que les deux divisions de cavalerie cantonnèrent dans les environs.

A l'ouest comme au sud de la ligne d'investissement les Français étaient donc partout refoulés. Cependant, la lutte soutenue en avant d'Orléans, la résistance héroïque de Châteaudun montraient que la France n'était nullement disposée à poser les armes, et l'on comprit, au grand état-major allemand, qu'il était nécessaire de surveiller les nouvelles formations qui se constituaient au delà de l'Eure aussi bien qu'au delà de la Loire, et, à la suite des derniers événements que nous venons de rapporter, on décida que, tandis que les Bavarois continueraient à occuper Orléans avec la 2ᵉ division de cavalerie, la 22ᵉ division, au lieu de revenir sur Paris, resterait à Chartres, avec les 4ᵉ et 6ᵉ divisions de cavalerie.

Au nord de la ligne d'investissement, la cavalerie saxonne et celle de la garde, dirigées, comme nous l'avons vu, au delà de l'Oise, se heurtaient également partout à des rassemblements armés. Dès la fin de septembre des forces commençaient en effet à se former en avant de Rouen et en avant d'Amiens ; afin de les surveiller, la cavalerie allemande, au commencement d'octobre, avait occupé Gisors, Beauvais et Clermont. Le 12, une colonne de troupes de toutes armes rejetait sur Amiens des mobiles qui occupaient Breteuil, et le 17 se portait sur Montdidier.

Du côté de l'Epte, la cavalerie allemande avait de fréquentes rencontres avec de petits corps français.

Enfin, le 27 octobre, sur l'avis d'un rassemblement de mobiles et de hussards près de Formerie, les Allemands se portèrent sur ce bourg avec 3 compagnies, 5 escadrons et 6 pièces d'artillerie ; l'action s'engagea aux abords du bourg et les Allemands parvinrent jusque sur la place du Marché ; mais les défenseurs, renforcés de quelques bouches à feu, les obligèrent à se retirer. En outre, un autre corps français, envoyé la veille par le chemin de fer, d'Amiens sur Poix, s'était porté sur Grandvillers et débouchait, vers midi, sur la droite des Allemands qui, voyant leur retraite directe sur Beauvais coupée, s'empressèrent de se retirer dans la direction de Songeons, d'où ils revinrent sur Beauvais, après avoir perdu une centaine d'hommes.

Au nord comme au sud de Paris, la résistance s'organisait, et partout les Allemands étaient forcés à la plus grande vigilance et obligés à une lutte incessante.

Combats
dans les Vosges.
Retraite
sur Besançon.

Dans l'Est également, l'envahisseur trouvait une résistance sérieuse de la part des corps français nouvelle-
ment organisés dans cette région.

Après la prise de Strasbourg, les forces allemandes
qui avaient été employées au siège de cette place
reçurent des destinations diverses : la 1re division de
réserve fut d'abord laissée à Strasbourg, la division de
landwehr de la garde fut dirigée sur Paris, et le
14e corps, qui était formé de la division badoise et
d'une brigade prussienne, reçut l'ordre de se porter
sur Troyes. Mais ce corps allait être détourné de son
chemin par les nouvelles forces françaises qui occupaient les Vosges, sous les ordres du général Cambriels.
Dès le commencement d'octobre, 15,000 hommes se
trouvaient à Saint-Dié. Les Badois, arrivant par le col
de Schirmeck, les attaquèrent et les battirent successivement, le 6 à la Bourgonce, le 9 à Rambervilliers,
le 11 à Bruyères. Cambriels se retira sur l'Ognon ;
Werder l'y suivit, en marchant par Vesoul et en l'atta-
quant, le 22 octobre, le rejeta sur la place de Besançon.

Dans le courant d'octobre, les Allemands étaient donc
parvenus à refouler devant eux les premières troupes
organisées en province dans l'Est comme autour de
Paris. Mais ils n'avaient eu à vaincre que le commencement du grand effort que la France allait produire.

Les corps battus allaient se reformer et bientôt une
véritable armée allait être en mesure de reprendre
l'offensive sur la Loire.

Le général
d'Aurelles
de Paladines
sur la Sauldre.

A la suite de l'évacuation d'Orléans, le 15e corps
s'était retiré sur la Ferté-Saint-Aubin, où le général
d'Aurelles de Paladines vint en prendre le commande-

ment, le 12 octobre, à la place du général de La Motterouge ; le lendemain, il reçut une lettre de service qui
mettait de plus sous ses ordres le 16ᵉ corps, en formation
à Blois. Le nouveau général en chef, trouvant la position
de Saint-Aubin trop rapprochée des Allemands pour
permettre la réorganisation du 15ᵉ corps, replia ses
troupes, le 14, sur la Motte-Beuvron, où elles séjour-
nèrent encore le 15 et le 16 ; le 17, il continua son mouvement jusqu'à Salbris, et il établit tout le 15ᵉ corps
derrière la Sauldre, de manière à couvrir Vierzon et
Bourges ; la 1ʳᵉ division, qui s'était portée sur Gien avec
la brigade de cavalerie d'Astugue, occupa Argent sur la
droite ; la 2ᵉ division Pierrefite, ayant la brigade de cavalerie Michel sur sa droite, pour la relier à la 1ʳᵉ division. Enfin, la 3ᵉ division, avec la cavalerie du général
Reyau et l'artillerie de réserve, vint s'établir à Salbris.

Les positions furent partout reconnues pour permettre
de résister avec acharnement à l'ennemi, s'il se présentait de nouveau.

Mais les Allemands, comme nous l'avons vu, avaient
d'autres intentions. Satisfaits de l'occupation d'Orléans,
ils avaient porté leurs efforts d'un autre côté ; le 15ᵉ corps
put ainsi rester paisiblement sur la Sauldre pendant plusieurs jours, qui furent employés à achever l'organisation des troupes et à développer leur instruction.

En même temps, le 16ᵉ corps se formait à Blois,
sous les ordres du général Pourcet ; ce corps, comme
le 15ᵉ, devait avoir 3 divisions d'infanterie avec une
division de cavalerie de 6 régiments et une artillerie
de réserve de 6 batteries. Mais, à la date du 20 octobre,
il n'y avait à Blois que 2 brigades d'infanterie présen-

Formation
du 16ᵉ corps.

tant un effectif de 15.000 hommes, la cavalerie et 7 batteries d'artillerie.

Ces troupes ne parurent pas suffisantes pour couvrir Tours, et la Délégation, que les mouvements des Allemands sur la rive droite de la Loire inquiétaient, prescrivit, le 21 octobre, au général d'Aurelles de diriger sur Blois une dizaine de mille hommes du 15e corps.

Le commandant en chef, pour exécuter ces instructions, mit en marche le jour même la 1re brigade de la 3e division qui, sous les ordres du général Peytavin, arriva à Blois le 23. Pour la remplacer, la 2e division fut portée sur Salbris le 22. Bientôt, de nouvelles troupes arrivèrent à Blois, et le 16e corps put y présenter 2 divisions d'infanterie avec leur artillerie et plusieurs batteries de réserve. Une autre brigade, destinée à ce corps, était à peu près formée en avant de Bourges ; elle comprenait les troupes que le colonel Maurandy avait ramenées de la forêt d'Orléans, et dont il conserva le commandement après avoir été promu général.

Projet d'offensive sur Orléans.

Tandis que ces forces s'organisaient, on s'occupa des dispositions à prendre pour les mener à l'ennemi, et, à cet effet, un conseil de guerre fut réuni le 24 octobre à Salbris. Le général d'Aurelles, son chef d'état-major le général Borel, et le général Pourcet y assistèrent, ainsi que M. de Freycinet, délégué du Ministre de la guerre ; il fut admis, d'un commun accord, que le premier objectif à atteindre devait être Orléans, et on ne discuta que sur la manière d'y parvenir ; il fut entendu, à ce sujet, que le gros de nos forces, réunies sur la rive droite de la Loire, en avant de Blois, remonterait le fleuve en se dirigeant sur Orléans, tandis qu'une division de 25,000 hommes se dirigerait sur le même point, en partant de Gien. Une deuxième conférence eut lieu le lendemain à Tours, pour arrêter les dispositions défi- nitives; la marche sur Orléans par Blois et par Gien y fut de nouveau décidée. On peut remarquer que, dans cette conférence, il ne fut aucunement question des ren- seignements que l'on avait reçus de Paris, ni des pro- jets du général Ducrot, pour sortir par la basse Seine. On ne chercha d'aucune manière à faire concorder les opérations de l'armée de la Loire avec celles que le général Ducrot devait essayer d'exécuter. Cependant, les projets de ce général étaient parfaitement connus, sinon du général d'Aurelles de Paladines, du moins du Ministre de la guerre. Le 14 octobre, le général Trochu avait chargé M. Ranc, qui se rendait à Tours, d'exposer à Gambetta les projets du général Ducrot, approuvés par le gouverneur de Paris; le Ministre de la guerre à Tours en eut rapidement connaissance, car il en fut question chez M. de Freycinet, dans une réunion qui eut lieu vers le 17 octobre, et où se trouvaient Gambetta et le général Bourbaki. A plusieurs reprises, le général Trochu et Jules Favre revinrent, dans leurs dépêches, sur le plan de sortie par la basse Seine, notamment le 19 et le 23 octobre.

Ce plan consistait, comme nous l'avons vu, à débou- cher par surprise de la Seine entre Argenteuil et Bezons, et à se porter rapidement sur les hauteurs de Cormeilles. Maître de ces positions, le général Ducrot se proposait de marcher sur Pontoise, d'y passer l'Oise et de continuer dans la direction de Rouen. Pour que l'opération offrît plus de chances de réussite, le Gou- verneur de Paris demandait au Gouvernement de Tours

de réunir sur Rouen la principale partié des forces disponibles, qui, après leur jonction avec les troupes sorties de Paris, formeraient une masse de 200,000 hommes, ayant sa base d'opération assurée sur Rouen et le
Havre, et devant laquelle les Allemands seraient bientôt dans l'impossibilité de maintenir le blocus de la
capitale.

Mais, comme dit le général Ducrot, lettres, dépêches,
messages, rien ne put faire prendre ce plan en consi-
dération...; on ne le discuta même pas, et, ce qui est
encore plus extraordinaire, c'est que l'on ne crut pas
utile d'en donner connaissance au général d'Aurelles,
qui commandait en chef l'armée de la Loire.

Aussi, se rallia-t-il volontiers à l'idée de marcher
sur Orléans, et, acceptant les données générales de
l'opération qui consistaient à se porter sur cette ville, à
la fois par Blois et par Gien, il prit immédiatement ses
dispositions pour l'exécuter.

Le 15ᵉ corps
est porté
sur la rive droite
de la Loire.

Une dizaine de mille hommes de la 3ᵉ division du
15ᵉ corps, avait déjà été portée sur Blois quelques jours
plus tôt, pour protéger la route de Tours; le reste du
corps d'armée fut dirigé sur le même point par les voies
ferrées, et, le 28, 4 divisions des corps 15 et 16 avec
2 divisions de cavalerie et 150 bouches à feu, présentant un effectif de plus de 60,000 hommes, se trouvèrent réunis entre Mer et la forêt de Marchenoir.

On devait commencer le mouvement sur Orléans le
29; mais les difficultés de débarquement pour l'artillerie et la cavalerie avaient produit quelques désordres;
de plus, des pluies continuelles rendaient les chemins
peu praticables. Le général d'Aurelles, en arrivant le

27 au soir à Blois, se rendit compte de cette situation et proposa à la délégation de Tours de retarder le départ de 24 heures.

Sur ces entrefaites, M. Thiers, qui venait de visiter toutes les cours de l'Europe pour plaider la cause de la France, était revenu à Tours. Il avait d'abord été à Londres où il n'avait séjourné que 5 jours. M. Thiers à Tours.

Puis il était parti pour Vienne avant même de connaître le résultat de l'entrevue de Ferrières; comprenant d'ailleurs que le nœud de la question était en Russie, il s'était à peine arrêté dans la capitale de l'Autriche et s'était dirigé de suite sur Saint-Pétersbourg.

Il y resta 10 jours, eut de fréquentes conférences avec le prince Gortschakoff et avec l'empereur Alexandre II, mais fut rapidement convaincu qu'il n'y avait rien à attendre de l'intervention de la Russie, si ce n'est quelques bons conseils adressés à la Prusse pour la faire consentir à une paix acceptable par la France.

L'empereur voulut bien écrire dans ce sens au roi Guillaume, qui répondit qu'il était prêt à ouvrir de nouvelles négociations. Dès que M. Thiers eut connaissance de ces dispositions du roi de Prusse, il quitta Saint-Pétersbourg pour revenir à Tours, en passant par Vienne et Florence. L'attitude réservée de la Russie n'était pas de nature à permettre à l'Autriche ou à l'Italie de sortir de leur neutralité. Cependant, le roi Victor-Emmanuel, qui n'avait pas encore perdu le souvenir de Magenta et de Solférino, était assez disposé à intervenir personnellement, mais le Conseil des ministres y fut opposé.

Ayant échoué dans toutes ses démarches, M. Thiers

revint à Tours où il rendit compte du résultat de son voyage aux membres de la délégation.

Depuis son départ, Gambetta était sorti de Paris, et, dès son arrivée à Tours, était devenu le véritable chef de la Délégation; il était personnellement opposé à toute cessation des hostilités. Mais les autres membres de la Délégation se trouvèrent d'un avis opposé. L'Angleterre venait d'offrir de proposer à la Prusse un armistice, pendant lequel la France procéderait aux élections d'une Assemblée nationale. L'Autriche et l'Italie s'empressèrent d'adhérer aux propositions de l'Angleterre. Dès lors, comptant sur les bons offices de toutes les grandes puissances, les membres de la Délégation, à la majorité de deux voix contre une, décidèrent de transmettre au Gouvernement de Paris la proposition d'un armistice faite par l'Angleterre. M. Thiers fut autorisé à se rendre à Paris sans passer par le quartier général prussien.

Par suite de ces dispositions, les membres de la Délégation, non seulement accédèrent à la demande du général d'Aurelles, mais prirent le parti d'ajourner le mouvement sur Orléans, en attendant le résultat de la démarche que M. Thiers allait entreprendre.

L'armée de la Loire demeura donc dans ses positions en avant de Blois pendant plusieurs jours. On se trouvait dans cette situation, le général profitant de ce repos pour achever l'organisation et l'instruction de ses troupes, et avec l'intention de se porter bientôt en avant, lorsqu'arriva la nouvelle de la capitulation de Metz.

Le général en chef en eut connaissance le 28 au soir.

Pendant ce temps, M. Thiers avait quitté Paris et s'était rendu d'abord à Orléans qui était occupé par les Bavarois, et, de là, malgré son désir et ses instructions, il fut conduit par les Prussiens à Versailles. Il y arriva le 30 octobre et fut reçu par M. de Bismarck. Ce dernier lui apprit la capitulation de Metz, qu'il ne connaissait pas encore, et le fit conduire au pont de Sèvres où il traversa la Seine dans une petite barque. Le jour même, les membres du Gouvernement furent convoqués au Ministère des Affaires étrangères.

Tous furent d'accord pour ouvrir de nouvelles négociations ayant pour but d'obtenir un armistice, mais, bien entendu, avec la clause essentielle d'un ravitaillement correspondant à la durée de cet armistice.

M. Thiers repartit le lendemain à midi pour Versailles, afin de faire connaître à M. de Bismarck les propositions du Gouvernement de la Défense nationale.

Au fond, la Prusse n'était pas opposée à un armistice qui pouvait conduire à une paix glorieuse; frappée des efforts qui se faisaient sur tous les points du territoire français pour continuer la lutte, comprenant qu'elle ne parviendrait pas à en avoir raison sans de nouveaux sacrifices, elle aurait peut-être fini par admettre l'armistice avec ravitaillement. M. Thiers, pendant plusieurs jours, déploya toutes les ressources de son éloquence patriotique pour y amener M. de Bismarck; mais pendant le temps même que se poursuivaient ces négociations, de graves événements survenaient à Paris, qui devaient dissiper les bonnes dispositions de nos ennemis.

Dans la capitale, la grande majorité de la population

partageait les idées de Gambetta. On n'y voulait entendre parler ni de paix ni d'armistice.

Déjà, on reprochait au Gouvernement de Paris son inaction, et la foule, surexcitée par tous les hommes de désordre, était disposée à ne voir partout que la trahison. Dès le 27 octobre, le bruit de la capitulation de Metz avait couru et avait provoqué une indignation générale. Traiter avec les Allemands, c'eût été marcher sur les traces de Bazaine. La reprise du Bourget par les Prussiens ne fit que développer ces dispositions de la foule.

L'arrivée de M. Thiers, que l'on représentait comme travaillant pour le compte des princes d'Orléans, porta l'indignation au comble.

Les futurs chefs de la Commune ne recherchaient qu'une occasion de faire une émeute. L'arrivée de M. Thiers, le 30 octobre, coïncidant avec la confirmation de la chute de Metz et avec l'affaire du Bourget, leur parut favorable.

Insurrection du 31 octobre.

Sous l'impression de toutes ces mauvaises nouvelles, une réunion de délégués des divers quartiers, conduite par les meneurs habituels, se porta le 31 octobre, au matin, sur l'Hôtel de Ville, l'envahit, et prononça la déchéance du Gouvernement ainsi que l'établissement de la Commune.

Les membres du Gouvernement, prévenus par M. Jules Ferry, préfet de la Seine, se réunirent de leur côté à l'Hôtel de Ville, à l'effet de délibérer sur le parti à prendre.

Mais bientôt la foule qui augmente sans cesse sur la place, force les portes et pénètre dans la salle du conseil, tenant ainsi les membres du Gouvernement à leur merci. Cependant, le Ministre des Finances, M. Picard, parvient à s'échapper et prend immédiatement ses dispositions pour délivrer ses collègues. Il fait appel au dévouement de quelques bataillons de garde nationale sur lesquels il croyait pouvoir compter, et, en même temps, invite le général Ducrot à venir conférer avec lui.

Ce dernier avait reçu un premier avis de ce qui se passait par son chef d'état-major, qui le jour même venait d'escorter M. Thiers, quittant Paris pour porter à Versailles les conditions du Gouvernement au sujet d'un armistice. Quand le télégramme de M. Picard parvint au général Ducrot, celui-ci craignant un piège lui envoya son aide de camp pour avoir des renseignements et des instructions plus précises. Au retour de ce dernier, le général Ducrot, qui avait déjà fait ses préparatifs, se mit en marche sur Paris à la tête d'une partie de ses troupes. Mais il était 7 h. 1/2, et, heureusement, plusieurs bataillons avaient depuis longtemps répondu à l'appel qui leur était adressé.

L'un d'eux, le 106e, s'était mis en marche sur l'Hôtel de Ville et y avait pénétré. Grâce à son intervention, le général Trochu et M. Jules Ferry purent être délivrés et parvinrent à s'éloigner ; mais les autres membres du Gouvernement furent maintenus dans la salle du Conseil par les chefs de l'émeute. Le gouverneur se rendit immédiatement au Louvre, et ayant appris les dispositions du général Ducrot, il lui donna l'ordre d'arrêter ses troupes, mais de venir le trouver de sa personne. Le général Trochu tenait à ne faire intervenir que la garde nationale, et, comme le général Tamisier, qui la commandait, était parmi les prisonniers de l'Hô-

.tel de Ville, il en donna le commandement provisoire au colonel Roger, du Nord.

Mais bientôt M. Jules Ferry vint réclamer ce commandement comme préfet de la Seine, et se mit à la tête des bataillons réunis sur la place Vendôme pour marcher sur l'Hôtel de Ville.

A son arrivée, les membres du Gouvernement furent délivrés, mais tous les chefs de l'émeute purent s'échapper et aucun ne fut poursuivi. A la suite de cette insurrection, le Gouvernement prit le parti de consulter la population de Paris pour savoir s'il avait encore sa confiance. La réponse qui eut lieu le 4 novembre lui fut favorable, et le vote des Parisiens, y compris celui de l'armée, lui donna 560,000 voix contre 60,000 à ses adversaires. Le Gouvernement de la Défense nationale se trouvait donc consolidé à l'intérieur de Paris; mais les tristes événements qui venaient de se passer devaient avoir une influence funeste sur les pourparlers qui étaient engagés avec le quartier général allemand.

Rupture des négociations. Comme nous l'avons vu, le jour même de l'insurrection, M. Thiers sortait de Paris pour se rendre à Versailles et discuter avec M. de Bismarck les conditions d'un armistice. Le but de cet armistice était de permettre l'élection d'une Assemblée nationale ayant tous les pouvoirs nécessaires pour statuer sur la question de paix ou de guerre. Mais le Gouvernement de la Défense nationale y mettait pour condition que Paris serait ravitaillé en raison de la durée de l'armistice. M. de Bismarck, d'abord opposé à accepter cette condition, semblait disposé à quelques concessions, lorsqu'il **apprit les événements du 31 octobre, et croyant même**

au triomphe de la Commune, il fit remarquer à
M. Thiers qu'il n'y avait plus de Gouvernement avec
qui on pût négocier. On sut bientôt, qu'au contraire,
les élections du 3 novembre avaient confirmé les pouvoirs du Gouvernement du 4 Septembre. Cependant,
M. de Bismarck, qui comptait sur l'anarchie pour para-
lyser la défense, était maintenant décidé à refuser le
ravitaillement. M. Thiers dut retourner à Paris pour
s'entretenir avec les ministres. Ne voulant pas entrer
dans la capitale, il invita Jules Favre et le général
Trochu à se rendre, le 5 au matin, au pont de Sèvres.
Le gouverneur, peu rassuré sur l'état des esprits, se
fit remplacer par le général Ducrot.

Ce dernier se rendit au pont de Sèvres, ainsi que le
Ministre des Affaires étrangères. M. Thiers leur fit connaître les conditions du roi de Prusse, en exprimant
l'avis que, quelque dures qu'elles fussent, il fallait les
accepter, parce que, d'après lui, on n'avait aucune
chance de réussir en continuant la guerre. Le général
Ducrot et Jules Favre se trouvèrent d'accord pour
repousser ces conditions, en faisant remarquer que
l'armistice sans ravitaillement ne pouvait être que le
prélude d'une capitulation, et que ce n'était pas la peine
d'avoir fait depuis deux mois de si grands efforts pour
arriver à un pareil résultat; que l'on avait des vivres
pour longtemps encore et que, pour sauver l'honneur
de la France et sauvegarder au moins sa valeur morale,
on ne pouvait pas consentir à son démembrement avant
d'avoir joué une dernière partie; que, sans doute, les
chances de succès étaient faibles, mais que cependant
elles n'étaient pas nulles, et, qu'en prolongeant la résistance, on pouvait rencontrer des circonstances favora-

bles auxquelles on renoncerait en se mettant de suite à la merci des Allemands.

Le Gouvernement, le soir même, ratifia la réponse de ses délégués, et, dès que M. Thiers les eut fait connaître à Versailles, les négociations furent rompues.

C'était l'insurrection du 31 octobre qui avait produit ce résultat, car il est probable que, sans ce fâcheux événement, le roi de Prusse aurait consenti à l'armistice avec ravitaillement, qui ne pouvait que nous être favorable.

D'abord, on aurait eu un Gouvernement avec des pouvoirs réguliers qui manquaient aux hommes du 4 Septembre, et, si la guerre eût continué, on n'avait qu'à gagner à un repos de 15 jours qui permettait d'achever tranquillement les préparatifs. Les Allemands, au contraire, n'avaient pas de grands avantages à en tirer, ayant mis toutes leurs forces en ligne. En outre, pendant que l'organisation de nos forces s'augmentait, on pouvait s'entendre au sujet de leurs opérations, et, en somme, reprendre les hostilités dans des conditions plus favorables.

Il est vrai que, pendant la durée de l'armistice, les armées qui avaient bloqué Metz pouvaient s'approcher de la capitale, tandis qu'au commencement de novembre elles en étaient encore éloignées; mais il n'est pas certain qu'elles auraient suivi cette direction.

La IIe armée, venant de Metz, n'a été amenée sur Orléans que par l'offensive de l'armée de la Loire, et, comme au commencement de novembre, cette offensive n'était pas encore prononcée, il est probable qu'à la reprise des hostilités on l'eût retrouvée sur la Haute-Seine où il aurait été facile de la maintenir en organisant, avec ostentation, sur la Saône, de nombreuses troupes que l'on eût pu ensuite transporter sur un autre théâtre d'opérations.

En somme, l'armistice avec ravitaillement, ne présentait que des avantages, et, cependant, sans l'insurrection de Paris, les Allemands l'auraient sans doute accepté, parce que, ne se rendant pas bien compte des efforts que la France avait faits depuis deux mois et des résultats qu'ils avaient produits, ils étaient disposés à ne voir dans cette suspension d'armes que le premier acte de notre soumission. L'insurrection les y fit renoncer, parce que, voyant que même devant l'invasion les partis politiques ne songeaient qu'à s'entre-déchirer, ils pensèrent qu'avec si peu d'entente, la résistance trouverait rapidement son terme.

Quant à l'armistice sans ravitaillement, il est clair qu'il ne présentait que des inconvénients, et nous ne pouvons pas un seul instant hésiter à prendre parti pour l'avis de Jules Favre et du général Ducrot contre celui de M. Thiers.

Nous avons à peine le besoin de dire que la délégation de Tours, et notamment Gambetta, partageaient l'opinion du Gouvernement de Paris, et, qu'au moment où on allait commencer les opérations qui devaient avoir pour but final de débloquer Paris, on n'y aurait pas eu un seul instant l'idée de consentir à cette suspension d'armes qui ne présentait que des inconvénients (1). D'ailleurs, la Délégation n'eut pas à se prononcer, et

_____

(1) Il est regrettable que pour diverses raisons on ait retardé l'offensive sur Orléans, car si la bataille de Coulmiers eût été livrée avant la rupture des négociations, il est possible que notre succès eût modifié les dispositions des Allemands.

les pourparlers furent rompus à Versailles sans qu'aucun de ses membres ait eu l'occasion d'intervenir.

Résolution de guerre à outrance.

De part et d'autre, à Paris comme en province, on poussa les préparatifs avec une nouvelle activité, afin d'être bientôt en mesure d'entreprendre de nouvelles opérations.

L'étude des événements qui vont se dérouler nous montrera que, pour utiliser ces efforts, il n'a manqué qu'une direction supérieure capable de tirer parti des ressources que l'on parvint à créer. Sur la Loire, une armée de 80,000 hommes était prête à se porter en avant ; à Paris, une autre armée de même force se disposait à rompre la ligne d'investissement.

Aussi, nous pensons que l'hésitation ne pouvait pas être permise au sujet de l'armistice sans ravitaillement, et que même c'est tout juste si l'on pouvait regretter de ne pas l'avoir obtenu avec ravitaillement.

Après les efforts que l'on avait faits depuis deux mois, le moment était venu d'en appeler de nouveau au sort des combats.

En somme, on était d'accord, à Tours comme à Paris, pour continuer la guerre et pour y employer toutes les ressources de la France ; mais il y avait cette différence qu'à Tours on avait la foi, tandis que le gouverneur de Paris, qui était en même temps le chef du Gouvernement, ne croyait pas au succès et ne voulait continuer la lutte que pour l'honneur du Pays.

En réalité, le but qu'il poursuivait est le seul qui ait été atteint, mais il suffit à justifier la résolution de ceux qui tenaient entre leurs mains les destinées de la France.

Tous les efforts ont été vains, et, en posant les armes, trois mois plus tard, il a fallu souscrire aux dures conditions du vainqueur et signer un traité qui est un des plus malheureux de l'histoire de France. Mais nous pensons que le résultat eût été bien pire pour le bon renom de notre pays et pour son avenir, s'il eût renoncé à la lutte avant d'avoir épuisé ses dernières ressources.

Mais à Tours on avait d'autres espérances, on comptait bien que les efforts que l'on allait faire ne seraient pas stériles. Chacun comprenait cependant que la capitulation de Metz diminuait nos chances de succès; mais, loin de se laisser abattre par ce nouveau malheur, les membres de la Délégation étaient bien résolus et surtout Gambetta, à tout sacrifier à l'indépendance du pays et à ne pas poser les armes avant d'avoir délivré le territoire de l'invasion étrangère.

Effet produit
par
la capitulation
de Metz.

Dès le 30 octobre, Gambetta avait annoncé officiellement la capitulation à la Nation et à l'Armée par deux proclamations dans lesquelles il dénonçait le commandant de l'armée du Rhin comme un traître qui avait livré son pays aux Allemands. Son réquisitoire était en harmonie avec les sentiments du pays; on s'était plu à croire que la résistance de la grande place de Metz, défendue par 150,000 hommes, devait être indéfinie, et surtout que cette armée pourrait, quand elle le voudrait, briser le cercle d'investissement qui l'enserrait. C'était là, suivant nous, une grosse illusion. Depuis la bataille de Noisseville, l'armée de Metz n'avait plus aucune chance de se dégager d'elle-même; comme il n'y avait plus d'autre armée capable de la secourir, on devait donc se dire que la durée de sa résistance aurait pour limite celle de ses subsistances ; et, comme la place avait été approvisionnée pour une garnison de défense et non pour une armée, il était bien certain que ses ressources devaient bientôt s'épuiser.

Quant à l'espérance de voir sortir Bazaine victorieux de l'armée qui l'investissait, nous ne voyons pas sur quelles raisons elle pouvait reposer.

L'histoire prouve que toutes les armées bloquées n'ont jamais pu se sauver d'elles-mêmes. Kléber a dû capituler à Mayence, Masséna à Gênes ; le général Mack, à Ulm, a dû également poser les armes ; personne n'a jamais eu l'idée de les considérer comme des traîtres. Toutefois, nous ne voulons pas prétendre que la conduite de Bazaine fût à l'abri de tout reproche ; mais il faut se garder de juger sa conduite à la légère, éviter de se laisser égarer par la passion patriotique, qui est aveugle, comme toutes les autres passions, et s'opposer à ce que la légende ne se substitue à l'histoire.

Appréciation du rôle de Bazaine.

Pour apprécier d'une manière équitable le rôle rempli par Bazaine à Metz, il faut examiner sans passion et sans opinion préconçue les questions suivantes :

1° Bazaine, en quittant Metz, après avoir pris le commandement de l'armée, avait-il la possibilité d'atteindre la Meuse, soit à Verdun, soit au nord de cette place ?

2° En admettant que ce mouvement fût possible, Bazaine, en se repliant sur Metz, avait-il le moyen d'empêcher l'investissement ou celui de le rompre à son gré ?

3° En admettant qu'il fût obligé de rester lié à la place, pouvait-il prolonger sa résistance ?

Telles sont les questions auxquelles nous allons essayer de répondre avec une complète impartialité.

1º Bazaine, en s'éloignant de Metz, pouvait atteindre la Meuse de plusieurs manières : soit en évitant l'attaque des Prussiens, soit en la repoussant par une victoire, soit, après une bataille indécise, en continuant sa route par les chemins dont il restait maître. Ces divers procédés ont été successivement utilisables. D'abord en se mettant en marche le 14 et même après avoir accepté la bataille de Borny, en utilisant les trois routes de Mars-la-Tour, de Conflans et de Briey, Bazaine pouvait, à la condition de ne pas perdre de temps, se trouver le 16, à midi, hors d'atteinte des corps allemands ; il aurait eu le soir son armée à Harville, Conflans et Briey. Le lendemain, elle aurait pu être réunie entre Hodiomont et Étain, et rien ne pouvait l'empêcher de passer la Meuse les jours suivants.

Ensuite, Bazaine, disposant de 120,000 hommes contre 60,000, pouvait gagner la bataille de Rezonville, rejeter les Prussiens sur Gorze et Thiaucourt, rester maître de la route de Mars-la-Tour et, par conséquent, atteindre Verdun le 18.

Enfin, après la bataille restée indécise, Bazaine restait maître des routes de Conflans et de Briey. S'il eût pris le parti de s'y engager le 17 au matin, rien ne pouvait l'empêcher d'atteindre la Meuse, sinon à Verdun du moins à Dun et à Stenay.

Même après avoir perdu la journée du 17, il restait encore maître de la route de Bricy, et, s'il s'y fût engagé dans la nuit du 17 au 18, il était certain de gagner Montmédy.

Bazaine pouvait s'éloigner de Metz avant le 18 août.

Reste à savoir pourquoi Bazaine n'a pas utilisé ces procédés, qu'il a eu tour à tour à sa disposition.

Il a rendu le premier impraticable par des fautes de détail qui, en produisant un encombrement inextricable, ont sensiblement retardé la marche de l'armée, de sorte que le 2e corps qui avait atteint le plateau de Gravelotte le 14, s'y trouvait encore le 16 au matin.

Il n'a pas gagné la bataille de Rezonville parce qu'il n'a rien compris à la situation; que, craignant d'être prévenu sur la route de Verdun, il a tenu à rester lié à Metz; que, par suite, il a porté son attention surtout sur sa gauche, tandis que le gain de la bataille ne pouvait être obtenu que par une vigoureuse offensive de la droite.

Enfin, si, après la bataille, Bazaine n'a pas continué son chemin, cela tenait à ce qu'il craignait toujours d'être prévenu sur la Meuse, sans avoir la possibilité de revenir sur Metz, et aussi à ce qu'il ne croyait plus avoir les munitions nécessaires pour livrer de nouveaux combats; et, dès lors, il a cherché, dans la proximité de la place de Metz, une sécurité qu'il croyait ne pouvoir trouver nulle autre part.

En réalité, la crainte d'être prévenu était chimérique, et le manque de munitions ne pouvait être une raison sérieuse, car il s'agissait, non pas de combattre, mais de se dérober à l'ennemi, et, du reste, il était facile de faire venir des munitions, soit par Verdun, soit par Montmédy.

En somme, les diverses chances de réussir dans la marche sur la Meuse ont manqué par une succession de mauvaises dispositions dont Bazaine est avant tout responsable.

Avant et après la bataille de Rezonville, il s'est trouvé dans des circonstances favorables dont il n'a pas su tirer parti, et c'est pour n'en avoir pas profité, qu'à partir du 17 août il s'est trouvé lié à Metz, en laissant les Allemands s'établir sur la route de Verdun.

Mais la situation dans laquelle il venait de se mettre était-elle si désavantageuse? Telle est la question capitale à résoudre, et sur laquelle les militaires sont encore aujourd'hui divisés. Pour les uns, dont nous sommes, c'était une faute capitale, qui doit être regardée comme la véritable origine de tous nos malheurs.

Pour d'autres, au contraire, la présence de l'armée à Metz était essentiellement favorable à la défense du pays, et il ne pouvait y avoir de meilleures dispositions pour arrêter l'invasion.

Pour appuyer cette manière de voir, ceux qui la soutiennent prétendent que l'armée établie à Metz menaçait la ligne d'opération des Allemands ; qu'en outre, elle pouvait manœuvrer librement sur les deux rives de la Moselle et détruire en détail les forces allemandes qui ont essayé de l'investir.

Ils reproduisent, en réalité, dans ce cas particulier, toutes les considérations que M. le général Brialmont a développées au sujet des pivots stratégiques en général et supposent que Metz, avec l'armée, possédait toutes les propriétés qu'il leur attribue.

Nous avons réfuté cette théorie d'une manière générale (1); mais il y a lieu d'étudier de près l'application qui pouvait en être faite autour de Metz.

---

(1) Voir mon étude intitulée *La perte des États et les camps retranchés.*

Il s'agit donc de répondre à la seconde question posée plus haut.

Bazaine, après le 18 août, ne pouvait pas empêcher l'investissement.

2° Bazaine pouvait-il empêcher l'investissement ou le rompre à son gré ?

Remarquons d'abord que la première condition à réaliser pour empêcher l'investissement, était de gagner la bataille de Saint-Privat. Or, il nous paraît raisonnable de soutenir que si Bazaine eût fait marcher la garde et l'artillerie de réserve pour soutenir le maréchal Canrobert, ce dernier serait resté maître de sa position jusqu'au soir ; mais nous admettons en même temps que là devaient s'arrêter ses prétentions et que toute offensive de l'armée française eût été rapidement arrêtée par les Allemands.

D'autres affirment que, dans cette journée, Bazaine pouvait détruire l'armée prussienne ; mais rien ne peut justifier cette assertion. Sans doute, la droite et le centre des Allemands ont complètement échoué contre nos positions fortifiées, et c'est pour cela que nous pensons que si le 6e corps eût été appuyé par la garde, il aurait également tenu bon sur la position de Saint-Privat.

Mais de là à admettre que l'armée allemande pouvait être détruite, il y a loin. On ne doit pas oublier que derrière la gauche et le centre, nos adversaires avaient en réserve 2 corps, le IIIe et le Xe, qui ne sont entrés en ligne que le soir avec leur artillerie seulement, et que le IIe corps était à peu près intact pour soutenir la droite. Dans ces conditions, il nous paraît manifeste que l'offensive française n'avait aucune chance de succès.

Parmi les raisons que donnent ceux qui soutiennent

que l'armée de Metz était en mesure de battre les forces
allemandes qu'elle avait devant elle, on rencontre cette
assertion que la qualité des troupes françaises était très
supérieure à celle des troupes opposées. Or, il nous
semble que rien ne peut justifier une pareille opinion.
Peut-on admettre qu'il n'y avait que des troupes médio-
cres dans ces deux corps prussiens qui, dans la journée
du 16 août ont tenu en échec toute l'armée française,
deux fois supérieure en nombre, et dans cette cavalerie,
dont 6 escadrons, en chargeant à outrance, ont arrêté
l'offensive de tout un corps d'armée.

Et que doit-on penser de cette garde prussienne qui,
le jour de Saint-Privat, a perdu 6,000 hommes en une
demi-heure, sans lâcher pied.

Certes, nous ne prétendons pas que les troupes françaises furent mauvaises. Mais il nous paraît manifeste
que celles des Allemands étaient également excellentes.
Du reste, on peut remarquer que, dans toutes les
batailles qui ont été livrées avant Sedan, nos adversaires ont perdu par le feu plus de monde que nous.

Il faut donc reconnaître que les troupes allemandes
étaient vaillantes comme les nôtres; de plus, elles
avaient l'avantage du nombre et surtout de chefs dignes
de les commander; tandis que les nôtres étaient presque
tous au-dessous de leur tâche.

Mais quand même l'armée française eût eu à sa tête
un général d'un vrai mérite, il nous est impossible
d'admettre, comme quelques écrivains le prétendent,
qu'elle fût en mesure, le 18 août, de détruire l'armée
allemande.

Sans doute, c'eût été déjà un précieux avantage que
de repousser tous les assauts de l'ennemi; mais, pour en

apprécier exactement l'importance, il faut se demander quelles en pouvaient être les conséquences.

Si l'armée française eût voulu en profiter pour marcher par Briey dans la direction de Montmédy, elle aurait couru les plus grands dangers; car les Allemands, alors même qu'ils auraient perdu le 18 une trentaine de mille hommes, nous restaient encore très supérieurs, et, en marchant le long de la frontière belge, on pouvait craindre d'y être acculé.

Malgré le succès que nous regardons comme possible, nous devions donc rester attachés à la place de Metz.

Maintenant, il faut remarquer que les corps allemands qui ont participé à la bataille de Saint-Privat, ne formaient que la moitié des forces de nos adversaires, et qu'avec l'appui de trois ou quatre nouveaux corps ils pouvaient renouveler leurs attaques deux ou trois jours plus tard. D'abord, le IVe corps qui se trouvait entre Toul et Commercy, pouvait être de suite attiré sur Metz. Ensuite, l'armée du prince royal qui occupait la Meurthe, pouvait en deux jours venir soutenir le prince Frédéric-Charles. Disposant de plus de 400,000 hommes, les Allemands auraient pu, tout en se maintenant vis-à-vis des positions françaises, prolonger leur gauche au delà de l'Orne, par Briey, déborder la droite française et la forcer ainsi à se replier sur Metz. Il est vrai que, pendant ce temps, Bazaine pouvait manœuvrer de son côté, et qu'en même temps l'armée de Châlons pouvait intervenir sur le théâtre de la lutte.

Bazaine pouvait, par exemple, prolonger lui-même sa droite sur Briey, en refusant sa gauche qui était protégée par les forts de Plappeville et de Saint-Quentin; puis, en profitant du pont de Thionville, il pouvait

déboucher sur la rive droite de la Moselle et rentrer à
Metz après avoir battu les corps allemands établis entre
la place et la Nied. Mais il faut reconnaître aussi qu'une
pareille manœuvre était bien délicate, exécutée avec
120,000 vis-à-vis de 400,000 hommes. Bazaine, débouchant de Thionville, en se dérobant au prince Frédéric-
Charles, pouvait très bien rencontrer sur la rive droite
le gros des forces du prince royal l'empêchant de rentrer à Metz, et alors sa situation eût été des plus cri-
tiques.

La manœuvre que nous venons d'indiquer n'avait
donc de chances de succès que si la IIIᵉ armée allemande eût continué sa marche au cœur de la France,
et c'est certainement ce qu'elle n'aurait pas fait, si nous
avions été vainqueurs le 18.

Malgré le succès de cette journée, Bazaine eût donc
été dans l'impossibilité de s'éloigner de Metz, et il aurait
été rejeté sur la place quelques jours plus tard.

Quant au rôle de l'armée de Châlons, il faut d'abord
remarquer que cette armée n'était pas immédiatement
disponible, puisqu'elle n'a été réunie que le 20 août.
Elle ne pouvait arriver à proximité de Metz qu'à la fin
du mois. Mais en attendant, Bazaine était bloqué dans
la place; la moitié des forces allemandes suffisait pour
maintenir le blocus, et l'autre moitié demeurait disponible pour opérer contre l'armée de Châlons. L'invasion
se trouvait retardée d'une huitaine de jours; mais nous
nous trouvions toujours avec deux armées séparées,
dont l'une était cernée, tandis que les 400,000 Allemands restaient libres de leurs mouvements et toujours
en mesure de se soutenir mutuellement. Le succès de la
bataille de Saint-Privat ne pouvait pas amener d'autres

17

conséquences, pourvu que les Allemands aient opéré avec quelque prudence. Cette situation était la conséquence de la grosse faute commise à la suite de la bataille de Rezonville. Bazaine, le 17 août, n'avait qu'une chose à faire, c'était de marcher sur la Meuse sans perdre de temps. Il était sûr de réussir, et la réunion de toutes les forces françaises au camp de Châlons était certaine ; la lutte redevenait possible, car bientôt nous aurions disposé de 300,000 hommes, et l'ennemi, obligé d'assurer ses communications, n'aurait pas pu marcher sur Paris avec des forces bien supérieures aux nôtres.

Une victoire, remportée le 18, n'aurait donc pas modifié la situation d'une manière notable. Nous ne voulons pas dire qu'il était indifférent de la gagner ou de la perdre ; mais nous prétendons seulement qu'un succès n'aurait pas eu d'autres conséquences que de retarder le blocus de l'armée de Metz de quelques jours.

Parti à tirer du mouvement de l'armée de Châlons. Il faut remarquer maintenant que la bataille ayant été perdue, et l'armée de Metz rejetée de suite dans la place, la marche du prince royal sur Paris vint modifier la situation d'une manière relativement avantageuse pour nous. L'armée de Châlons et celle de Metz avaient chacune un rôle important à jouer, en partant de cette idée que le but à atteindre était toujours la jonction de toutes nos forces ; et il faut reconnaître que pendant cette période, les deux généraux en chef se sont montrés, l'un et l'autre, au-dessous de leur tâche. Le maréchal de Mac-Mahon s'est laissé acculer à la frontière belge, lorsqu'il lui eût été facile d'échapper aux IIIe et IVe armées allemandes. Pour nous, Bazaine n'est pas

directement responsable de la capitulation de Sedan ;
mais on peut lui reprocher d'être resté complètement
inactif à Metz et de n'avoir rien fait pour amener l'entente des deux armées. Le mouvement de l'armée de
Châlons ayant attiré le gros des forces du prince Frédéric-Charles sur la gauche de la Moselle, tandis que
le prince royal était dans l'Argonne, l'occasion était
favorable pour l'armée de Metz de sortir par la rive
droite de la Moselle. En s'y prenant habilement aux
environs du 25 août, Bazaine était sûr de bous-
culer les 30,000 Prussiens réunis entre la Moselle et la
Nied.

Il avait le moyen de tenir la campagne pendant plusieurs jours, et d'entrer en communication avec l'armée
de Châlons par Thionville; et, à supposer qu'il n'ait
pas réussi à empêcher le désastre de Sedan, il pouvait
peut-être se sauver lui-même par les Vosges. Mais il
faut reconnaître encore qu'un pareil parti était bien
périlleux, et que Bazaine, qui ne connaissait pas exactement la situation des armées en présence, avait de
bonnes raisons de ne pas s'engager en rase campagne,
au risque de tomber au milieu de forces supérieures.

D'ailleurs, la première condition à remplir eût été
de gagner la bataille de Noisseville en la livrant quelques jours plus tôt, et cette condition n'a même pas été
remplie. Bazaine est, sans aucun doute, responsable de
l'insuccès de cette journée, qui n'a pour cause que les
mauvaises dispositions qu'il a prises pour attaquer la
ligne d'investissement.

Mais, après cette bataille, il n'avait plus aucun moyen
d'espérer sortir de la place. La capitulation de Sedan
ayant dissipé toutes les craintes de l'armée du prince

Frédéric-Charles, le blocus fut établi rigoureusement sur les deux rives, et l'armée française se trouva réduite à une défensive qui ne pouvait avoir pour limite que la durée des vivres de la garnison.

Bazaine pouvait augmenter ses ressources.

Demandons-nous maintenant si, tout en restant lié à la place, Bazaine pouvait augmenter ses ressources et prolonger sa résistance. Or, il est certain que, comme nous l'avons déjà dit, en s'y prenant bien, il avait toutes les chances de gagner la bataille de Noisseville. S'il eût débouché sur la rive droite avec le gros de ses forces à la pointe du jour, avant midi il aurait eu raison des 30,000 hommes qu'il aurait trouvés devant lui.

Dès lors, même en admettant qu'il ait eu de bonnes raisons pour ne pas s'éloigner de la place, il restait maître pendant plusieurs jours du pays compris entre la Moselle et la Nied, et pouvait en tirer une quantité considérable de vivres.

Après le 1ᵉʳ septembre, il n'avait plus d'occasion aussi favorable ; mais il pouvait encore, par de fréquentes sorties partielles, bien conduites, ramener dans la place des approvisionnements suffisants pour prolonger la résistance d'une quinzaine de jours ; il faut reconnaître toutefois que ces sorties devinrent chaque jour plus difficiles et que, justement, du 1ᵉʳ au 15 septembre, Bazaine n'a fait aucune tentative sérieuse.

On voit, en somme, par ces considérations, comment on doit répondre, suivant nous, aux trois questions que nous avons posées plus haut :

1° Depuis le jour où il a pris le commandement de l'armée jusqu'à la bataille de Saint-Privat, c'est-à-dire du 13 au 17 août, Bazaine a eu tous les moyens de s'éloigner de Metz et de gagner la Meuse, soit à Verdun, soit, plus au nord, à Dun et Stenay ;

2° A partir du 18, quand même il aurait repoussé les attaques de l'ennemi à Saint-Privat, il se trouvait lié à la place et dans l'impossibilité d'échapper au blocus ; la marche du prince royal sur Paris et celle de l'armée de Châlons sur Montmédy pouvaient lui permettre, du 25 au 30, de rompre l'investissement par la rive droite et, peut-être, de s'éloigner par les Vosges ;

3° Bazaine, en gagnant la bataille de Noisseville, pouvait, sans s'éloigner de la place, trouver le moyen d'y prolonger la résistance de près d'un mois et, ayant perdu cette bataille, il avait encore le moyen d'augmenter, par de fréquentes sorties, les approvisionnements d'une manière sensible.

On doit donc reconnaître que, pendant toute la durée de son commandement, Bazaine n'a pas tiré de sa situation tout le parti possible ; mais faut-il conclure en disant qu'il a trahi son pays ?

A notre avis, rien n'autorise un pareil jugement, et nous pensons qu'il suffit, pour expliquer sa conduite, d'admettre qu'il n'était pas à hauteur de la tâche difficile qu'il avait à remplir.

Rien ne prouve la trahison de Bazaine.

En somme, il ne peut y avoir que deux manières d'apprécier la conduite de Bazaine à Metz, et elles diffèrent essentiellement par la manière dont on envisage le rôle que pouvait jouer la place de Metz.

D'une part, on peut admettre qu'en s'attachant à cette place, Bazaine a commis une faute capitale, qu'il aurait dû s'en éloigner à tout prix, qu'il le pouvait, et que c'est en s'en rapprochant, après la bataille de Rezonville, qu'il s'est mis dans une situation des plus difficiles qui rendait le blocus et la capitulation, sinon certains ni même probables, du moins possibles.

En prenant une pareille détermination, Bazaine avait-il déjà l'idée de renoncer à la lutte et de ménager son armée pour jouer un rôle à l'intérieur ? Nous ne le croyons pas, et nous pensons que de semblables considérations ne se sont emparées de son esprit que beaucoup plus tard, et, au plus tôt, à la suite de la catastrophe de Sedan ; mais qu'à ce moment, quoi qu'il fît, l'armée de Châlons étant ruinée, l'existence de la sienne n'avait pour limite que la durée de ses vivres. C'est là entièrement notre manière de voir ; elle consiste essentiellement à admettre que la faute capitale a été commise le 17 août et que tous les événements qui ont suivi n'en sont que la conséquence plus ou moins forcée. Avec cette manière de voir, pour accuser Bazaine de trahison, il faudrait admettre que, dès les premiers jours de son commandement, il était décidé à livrer son pays. Nous croyons, au contraire, qu'en restant attaché à Metz, Bazaine, loin de prévoir qu'il conduisait son armée à sa perte, était convaincu qu'elle allait se trouver dans de bonnes conditions pour arrêter l'invasion et que, dans tous les cas, il valait mieux s'appuyer de la place que de risquer d'être détruit en rase campagne.

Sans doute, à nos yeux, il s'est trompé en prenant une pareille détermination ; mais sa conduite nous paraît d'autant mieux explicable que quelques militaires prétendent encore aujourd'hui qu'en revenant sur Metz, il ne commettait pas de faute. Ils soutiennent qu'en prenant Metz pour base exclusive de ses opéra-

tions, Bazaine était dans les conditions les plus favorables pour lutter contre des forces supérieures. C'est
cette seconde manière de voir que nous repoussons de
la façon la plus absolue, en prétendant qu'en s'attachant
à la place, Bazaine devait y être forcément cerné, puis
obligé de capituler, s'il n'était secouru.

Il est vrai qu'après Sedan il aurait pu fournir une
défense plus énergique et trouver le moyen de la prolonger.

Il nous parait manifeste que, pendant cette dernière
période, il a désespéré de la France et n'a pensé qu'à
l'avenir. Son énergie comme sa capacité étaient au-
dessous des circonstances ; mais son erreur à ce sujet
a été celle de toute l'Europe. Qui pensait, au lendemain
de Sedan, que, quatre mois plus tard, nous tiendrions
encore ?

Il est coupable de n'avoir pas songé, avant tout, à son
métier de soldat ; mais nous ne pensons pas que l'on
puisse l'accuser sérieusement d'avoir voulu livrer son
pays aux Allemands.

Il ne manque cependant pas encore aujourd'hui
d'écrivains militaires qui prétendent qu'il ne voulait
pas être victorieux, et quelques-uns affirment même
que, dès le début de la guerre, il était vendu aux Prussiens. C'est le cas de dire que qui veut trop prouver ne
prouve rien. Car le malheureux n'a même pas touché le
prix de son forfait. Il fallait vraiment qu'il n'eût guère
de finesse pour être dupe des Allemands tout en leur
livrant la France. Et, alors, pourquoi ne pas admettre
tout simplement qu'il a perdu son armée parce qu'il
était incapable de la commander dans des conditions
aussi difficiles.

Il nous faut
toujours
des traîtres.

Mais, en France, il nous faut des traîtres. On ne peut
pas admettre que nous soyons battus sans la trahison
de quelques-uns. Au début des guerres de la Révolution, tous les généraux étaient des traîtres ; quelques-
uns ont été fusillés par leurs soldats, les autres ont porté
successivement leur tête sur l'échafaud.

Plus tard, nous avons *vécu* longtemps de la légende
du traître Grouchy ; elle a bien pâli depuis 1870. Mais
il faut toujours que, dans le récit de nos défaites, on
voie apparaître le traître sur la scène, comme dans les
mélodrames, pour la réjouissance du parterre.

Or, dans les choses de l'État, le parterre, c'est l'opinion publique. Gambetta était sûr de lui plaire en lui
dénonçant la trahison d'un maréchal de France et il
ne faut pas s'étonner de l'effet produit, lorsque l'on
voit encore aujourd'hui des esprits distingués, mais
aveuglés par la passion patriotique, reproduire le réquisitoire du tribun de 1870. Mais, en s'adressant
à l'opinion publique, Gambetta, s'il eût été maître de
lui-même, aurait pu se demander ce qu'elle valait, et,
alors, il se serait rappelé que c'était cette même opinion
publique qui avait désigné Bazaine au choix de l'empereur pour être mis à la tête de l'armée après nos premiers échecs. Et, cependant, le maréchal, à ce moment,
avait déjà commis une grave faute, la plus grave de
toutes, au point de vue de sa moralité, la seule peut-être
qu'il soit impossible d'expliquer par l'incapacité. Par son
inaction à Forbach, il avait assuré la défaite du général
Frossart. Oui, cette faute est capitale, et ceux qui veu-
lent voir un traître n'omettent pas de la signaler. Mais
est-ce la première fois que la jalousie a amené nos généraux à abandonner un camarade ? N'est-ce pas l'histoire

de toute la guerre d'Espagne? Est-ce que, par exemple, le maréchal Soult n'a pas encouru la plus grave responsabilité en refusant son concours tantôt à Masséna, tantôt à Marmont. Autrement, l'armée de Portugal n'aurait sans doute pas échoué devant Torrès-Vedras, et Marmont n'aurait pas été battu aux Arapiles. Mais qui a jamais eu l'idée de voir la trahison dans l'inaction du maréchal Soult? Et que dire de l'attitude de Bernadotte le jour de la bataille d'Awerstædt? Bazaine n'a pas fait pire le 6 août. A notre avis, il fallait le destituer le lendemain; au contraire, sous la pression de l'opinion publique, on l'a nommé au commandement de toutes les forces françaises.

N'est-ce pas encore pour obéir à la pression de l'opinion publique que le ministre Palikao a prescrit au maréchal de Mac-Mahon de continuer à marcher sur Montmédy à un moment où ce mouvement était devenu impossible!

A ce moment, Bazaine était, pour toute la France, le grand homme de l'armée, et cependant toutes les fautes qui nous ont perdus étaient déjà commises.

Et rien ne put modifier l'opinion publique après Sedan. L'insuccès de la bataille de Noisseville ne la changea pas davantage. Le rhéteur Jules Favre était bien en harmonie avec la France, quand il appelait le commandant de l'armée de Metz *notre glorieux Bazaine*. Or, qu'avait fait de plus ce dernier quand le tribun Gambetta vint le dénoncer comme un traître? Rien, si ce n'est d'avoir subi les conséquences des fautes commises pendant la seconde quinzaine du mois d'août.

Et, en somme, si le premier était puéril en glorifiant le

commandant de l'armée de Metz, le second était injuste
en dénonçant sa trahison.

Ni l'un ni l'autre n'étaient capables d'apprécier sa
conduite; l'un n'a vu qu'une chose, c'est que Bazaine
était encore debout après le désastre de Sedan, sans
vouloir rechercher si les fautes commises autour de
Metz n'étaient pas la cause première de nos désastres;
l'autre n'a pas tenu à approfondir davantage, il a seulement constaté que Bazaine venait de tomber au moment
où l'on comptait encore sur sa résistance, et il n'a pas
voulu se demander si la capitulation n'était pas inévitable depuis plus de six semaines.

Et la France a applaudi Gambetta comme elle avait
applaudi Jules Favre. L'historien impartial doit repousser
également le verdict de ces deux hommes. Bazaine par ses
fautes doit être considéré comme le principal auteur de
nos désastres; il a désespéré de la France lorsqu'elle
avait encore les moyens de lutter avec énergie contre
l'invasion; mais rien ne nous autorise à penser qu'il ait
jamais songé, de gaieté de cœur, à livrer son pays à
l'étranger.

L'infériorité
de nos chefs suffit
à expliquer
nos désastres.

A notre avis la ruine de l'armée de Metz s'explique
donc par l'incapacité de son chef, sans qu'il soit nécessaire de faire intervenir la trahison; mais, en somme,
Bazaine ne s'est pas montré beaucoup plus incapable
que les autres chefs de l'armée française en 1870.

Si dès le début des hostilités, nous avons éprouvé les
échecs de Wœrth et de Forbach, cela ne tient qu'aux
dispositions du maréchal Lebœuf, qui, ayant à diriger
250,000 hommes, n'a su opposer au premier choc de
l'ennemi que 40,000 hommes sur la Sauer et 30,000

hommes sur la Sarre. Avec un peu de prévoyance et en se rendant compte des propriétés du théâtre des opérations, il eût été possible de réunir sur l'un des deux points d'attaque des forces au moins égales à celles de l'ennemi; et, en prenant le parti de céder le terrain de l'autre côté, on pouvait débuter par une victoire qui aurait de suite arrêté l'invasion. Mais c'est surtout pendant la période qui a suivi les deux défaites du 6 août que le major général de l'armée française a montré jusqu'à quel point il était au-dessous de la tâche qu'il avait à remplir. Si au lieu de replier l'armée de la Sarre sur Metz, en abandonnant à eux-mêmes les 1er et 5e corps, on se fût retiré sur la Seille, rien n'eût été plus facile que d'y concentrer tous les corps français, et de disputer le terrain pied à pied avec les 250,000 hommes dont on disposait.

Pendant les journées qui suivirent nos deux premières défaites, l'attitude du grand état-major français fut pitoyable. Ce fut un véritable affolement; tous les jours on changeait de résolution, voulant tantôt se retirer au camp de Châlons, tantôt s'arrêter sur la Moselle où l'on rappelait le 6e corps après lui avoir d'abord prescrit de s'en éloigner. N'ayant pas prévu la défaite, n'ayant jamais réfléchi aux moyens d'en atténuer les conséquences, dépourvus d'ailleurs de l'élévation de caractère qui seule permet de faire face à l'adversité, nos chefs se trouvaient accablés par deux échecs qui, en réalité, étaient fort réparables.

La dislocation de nos forces était déjà complète quand Bazaine prit le commandement de l'armée du Rhin; mais il faut convenir que les dispositions qu'il prit autour de Metz contribuèrent à aggraver la situation qui était déjà mauvaise. Tandis qu'au lieu de se porter sur la Meuse, il se repliait sur la place avec les cinq corps qu'il avait sous la main, le reste des forces françaises se ralliait au camp de Châlons, sous les ordres du maréchal Mac-Mahon.

Il est certain que le désastre de Sedan ne peut être imputé à Bazaine.

Le maréchal qui commandait l'armée de Châlons en est l'auteur principal, d'abord parce qu'il n'a pas eu la force de caractère suffisante pour s'opposer à un mouvement qu'il jugeait dangereux, et ensuite pour s'être laissé cerner par des forces auxquelles il pouvait échapper en montrant un peu de clairvoyance et d'activité ; de sorte que l'on peut dire que les trois maréchaux qui ont successivement tenu entre leurs mains les destinées du pays étaient également incapables de diriger les opérations d'une grande armée. Mais s'ils ont manqué du savoir et du coup d'œil nécessaires aux chefs d'armée, on peut dire que, ce qui leur faisait surtout défaut, c'était cette trempe de caractère qui est la première qualité des grands capitaines, et dont le général Chanzy devait donner plus tard un si bel exemple.

Après toutes les fautes commises, pendant la dernière quinzaine du mois d'août, ce qu'il faut par-dessus tout reprocher à Bazaine, c'est d'avoir désespéré de la France, et d'avoir cru qu'elle tiendrait moins longtemps que lui, alors qu'elle devait lutter encore pendant 4 mois. Tandis que le gouvernement de la défense nationale s'efforçait d'élever les cœurs à la hauteur de la tâche qu'il s'était proposé de remplir, le chef de l'armée de Metz était déjà résigné à l'abaissement de son pays.

Si l'on nous demandait maintenant quel homme il
eût fallu choisir pour résister avec succès à l'invasion
allemande, nous répondrions que l'armée française n'en
renfermait aucun qui fût à hauteur d'un pareil rôle, du
moins parmi ceux qui étaient déjà suffisamment en
relief pour y prétendre. Ils étaient tous plus ou moins
aptes à commander un corps d'armée, mais aucun d'eux
ne possédait les facultés que l'on doit demander à un
généralissime.

Il est vrai que nous avions engagé la partie avec une
infériorité numérique considérable, mais ce n'est pas là
que réside, suivant nous, la vraie cause de nos défaites.
Le général qui ne sait pas commander 100,000 hommes
doit être encore bien autrement embarrassé, lorsqu'il en
a le double entre les mains. Le nombre est certainement un des éléments de succès, mais ce n'est qu'à la
condition que l'on sache en tirer parti. Toute troupe est
une force, mais elle ne produit son effet qu'à la condition d'être utilisée sur le théâtre des opérations; les difficultés qu'a à surmonter un général en chef aug-
mentent donc en même temps que les moyens dont il
dispose, et c'est ainsi que l'histoire montre tant d'exemples d'armées battues par des forces inférieures. Bazaine
n'a pas su gagner la bataille de Rezonville, et cependant
il avait sous la main des forces doubles de celles des
Allemands. Aussi nous croyons qu'alors même que
nous serions entrés en campagne avec 100,000 hommes
de plus, le résultat eût été à peu près le même, dès que
les chefs de l'armée n'étaient pas changés.

Telle était donc la situation dans laquelle nous nous
trouvions, après les 18 années du régime impérial, Cause première
de nos défaites.

qu'aucun homme parmi les chefs de l'armée française
ne se trouvait capable de diriger les opérations d'une
grande armée. Napoléon III s'en doutait, et c'est pour
cela qu'il hésitait à déclarer la guerre ; mais avait-il compris que cette situation était la conséquence naturelle du
régime qu'il avait imposé à la France depuis 18 ans ?
C'est cependant dans les origines du second empire qu'il
faut rechercher les causes premières de sa chute lamentable.

Le courage du soldat ne faisait pas défaut parmi les
chefs de notre armée ; tous ceux qui étaient à la tête de
nos brigades et de nos divisions en avaient donné
maintes preuves pendant leur carrière. Mais nos chefs
manquaient du courage *civil* qui permet d'envisager
avec calme toutes les responsabilités du commandement
dans les circonstances les plus difficiles.

Or, on peut dire que tout cela tenait au régime impérial, tout de faveur, qui avait abaissé les caractères. Issu
d'un acte illégal, il avait éloigné tous ceux qui avaient
protesté au nom de la loi et qui aimaient mieux rester à
l'écart que de devoir une haute situation à un pouvoir
qu'ils méprisaient.

Il est vrai que la France avait ratifié le coup d'État du
2 Décembre ; et c'est ainsi que le pays est en réalité responsable des désastres de Metz et de Sedan.

On l'a dit, les nations n'ont que les gouvernements
qu'elles méritent ; et la France, en admettant que le droit
pouvait exister en dehors de la légalité, s'était laissé
entraîner dans une voie où elle ne pouvait aboutir qu'à
une catastrophe.

Elle n'avait pas voulu se souvenir des désastres qui
avaient terminé le premier Empire.

Et d'ailleurs il faut convenir qu'en se donnant à un homme, elle n'avait pas, en 1852, les mêmes excuses qu'en 1800.

L'histoire de la France au XIXe siècle montrera aux générations futures, que la dictature conduit toujours les nations à la ruine; mais il faut reconnaître que si le premier et le second Empire ont amené des résultats semblables, nous n'y avons pas été conduits par les mêmes moyens.

Lorsque l'homme auquel la nation s'abandonne est un homme de génie, celui-ci abuse des ressources dont il dispose pour réaliser ses desseins, et en même temps qu'il épuise le pays, il fomente la haine des peuples voisins qui un jour se réunissent pour secouer le joug qu'ils n'ont supporté qu'en frémissant, et le pays, malgré sa gloire et le génie de son chef, n'est plus capable de repousser l'invasion des peuples coalisés contre lui.

C'est ainsi que le premier Empire nous a conduits à Leipzig et à Waterloo.

Mais si l'homme qui a su capter la confiance du pays n'a même pas cette supériorité qui seule devrait expliquer son choix, c'est que cet homme n'a pu réussir à prendre le pouvoir qu'en trompant la nation et en s'entourant d'aventuriers qui ne lui ont prêté leur concours que pour l'aider à exploiter le pays.

Un pareil régime n'abuse pas des forces d'un grand peuple, mais il les avilit en abaissant les caractères.

Et, au jour du danger, il ne se trouve plus d'hommes dont l'âme soit assez fortement trempée pour y faire face.

C'est ainsi que le deuxième Empire nous a conduits aux désastres de 1870.

Il n'avait fait auparavant que deux grandes guerres,
que la France était largement en mesure de supporter
sans s'affaiblir ; l'aventure du Mexique, tout en étant
une grosse faute, n'était pas non plus au-dessus des
ressources du pays qu'elle n'avait nullement épuisé.
Mais le développement de la faveur et de la corruption
n'avait mis à la tête de l'armée que des hommes qui,
quoique bons soldats, n'avaient ni le savoir ni l'élévation du caractère suffisants pour résister à l'invasion
allemande.

Et c'est par le manque de caractère que nos premiers
échecs ont eu des conséquences si désastreuses.

En somme, que l'homme auquel la nation abandonne
tous ses pouvoirs soit rempli de génie ou qu'il en soit
dépourvu, dans les deux cas les mêmes causes, par des
moyens différents, conduisent au même résultat.

Leçons à tirer
de ces tristes
événements.

L'étude des tristes événements de 1870 vient com-
pléter les enseignements que M. Thiers avait tirés de
l'*Histoire du Consulat et de l'Empire.*

« Si grand, si sensé, si vaste que soit le génie d'un
« homme, nous dit l'illustre historien de la grande
« période de la Révolution et de l'Empire, jamais il ne
« faut lui livrer complètement les destinées de son
« pays ;..... car la toute-puissance porte en soi une folie
« incurable, la tentative de tout faire, quand on peut
« tout faire, même le mal après le bien. »

Cependant, la France qui en 1800 n'avait pas encore
fait l'expérience de la dictature, pouvait être excusable,
à la suite des troubles et des horreurs de la Révolution,
de s'être jetée dans les bras du vainqueur de Rivoli et
des Pyramides ; rien au contraire ne peut l'absoudre

d'avoir abdiqué entre les mains de l'héritier de son
nom que rien ne recommandait à son choix, si ce n'est
d'avoir essayé à deux reprises de fomenter la guerre
civile.

Le châtiment, pour s'être fait attendre dix-huit ans,
n'en a été que plus terrible, bien autrement terrible
que celui de 1815; car, même après Waterloo, la géné-
ration qui assistait à l'écroulement d'une puissance qui
ne pouvait durer, conservait au moins le souvenir de
vingt ans de triomphes et de gloire, et une grandeur
morale qui seule suffirait à perpétuer le nom français à
travers les âges; tandis que nous, qui avons vécu en
1870, nous avons éprouvé toutes les humiliations de
Wœrth à Sedan, de Metz à Paris.

Nous verrons bientôt, en poursuivant l'étude de cette
malheureuse guerre, au milieu d'un ciel presque toujours sombre, une légère éclaircie sans durée; mais les
espérances qu'elle a pu faire naître, furent bientôt dis-
sipées par de nouveaux coups de la Fortune; et, en
somme, après six mois de lutte, il nous a fallu céder au
vainqueur deux de nos provinces et le fruit de longues
années de labeur, en conservant tout juste l'honneur
d'avoir résisté jusqu'à l'épuisement de nos ressources.
Faisons en sorte, au moins, que les malheurs qui nous
ont accablés nous servent de leçon; car, si après les
désastres de 1870, la France au lieu de trouver en elle-
même le remède aux difficultés inhérentes à l'exercice
de tout Gouvernement libre, s'abandonnait encore une
fois à la discrétion de quelque aventurier, outre qu'elle
courrait au-devant de nouveaux désastres, elle s'attire-
rait le mépris de toutes les nations civilisées.

19

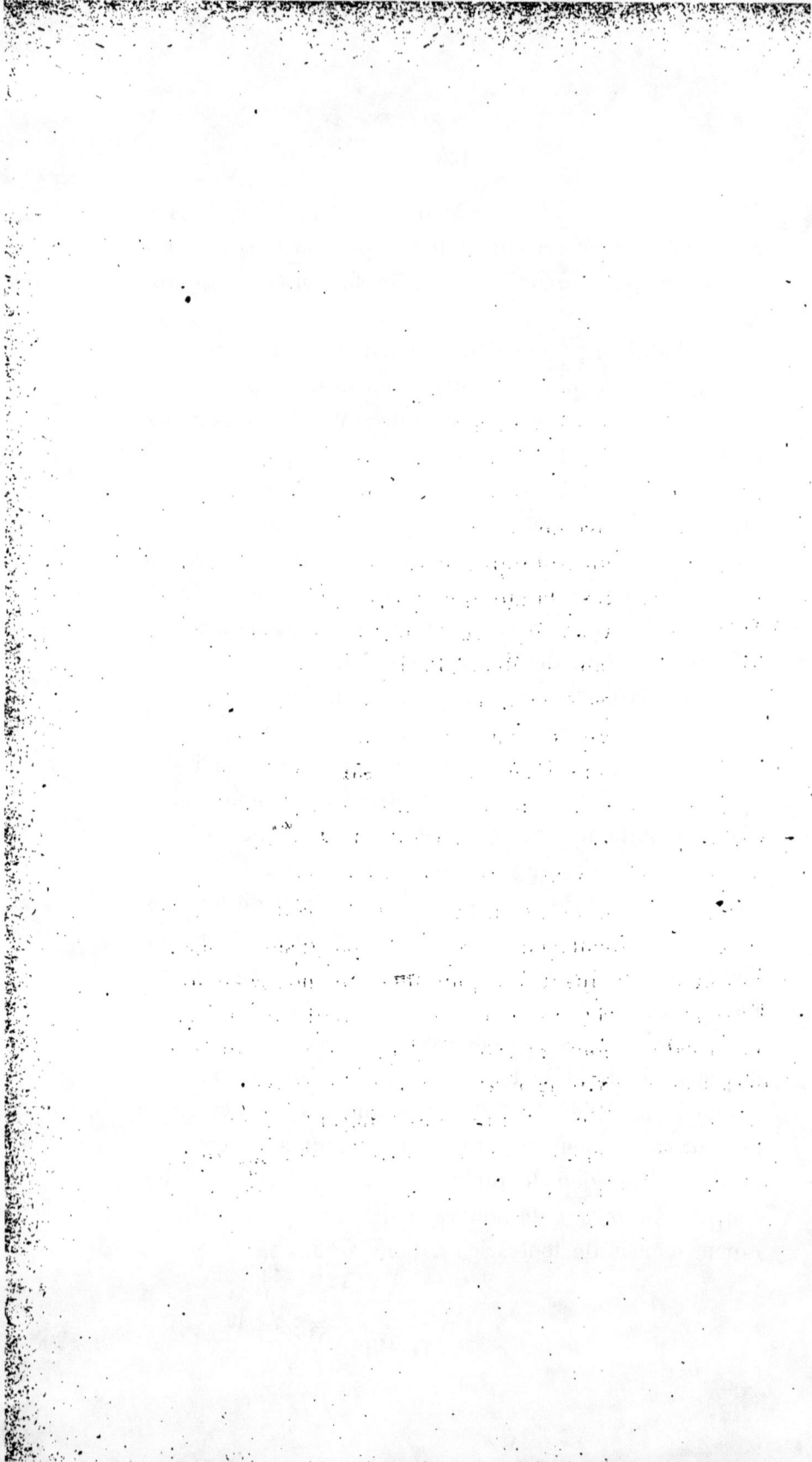

PARIS. — IMPRIMERIE L. BAUDOIN ET C⁹, 2, RUE CHRISTINE.

www.ingramcontent.com/pod-product-compliance
Lightning Source LLC
Chambersburg PA
CBHW050016100426

42739CB00011B/2665